SHODENSHA
SHINSHO

道を守った　占守島《しゅむしゅとう》の戦い

卓

祥伝社新書

まえがき

北海道がソ連軍に占領されるのを防いだ戦いが、千島列島北端の島・占守島《しゆむしゆとう》で行なわれたことを知る日本人は、あまりいない。

当時の状況を説明する。

昭和16年（1941）12月8日、経済封鎖で日本を追い詰めたアメリカとイギリスを相手に、日本は自衛のための戦争を始めた。その2日後、日本は、対戦国をオランダ・中華民国に広げ、戦争目的に「アジア諸民族の解放」を加え、戦争の名称を「大東亜戦争」と決定した。ちなみに、日本が大東亜戦争を始めた当時、南樺太《からふと》と千島列島全島は日本の領土であった。満州国は日本の勢力圏内にあった。

だが、戦いは日本に利あらず、昭和20年（1945）8月14日、ポツダム宣言を受諾した日本は戦いの鉾《ほこ》を収めた。

遡《さかのぼ》ること5日前の8月9日、日ソ中立条約を一方的に破ったソ連は、大軍をもって満州に攻め込んできた。11日には、南樺太にも侵攻してきた。

6年前の昭和14年、ソ連軍は、満州と蒙古《もうこ》の国境で日本軍と戦っていた（ノモンハン事件）。そのときの日本軍の精強ぶりをスターリンは痛いほど知っていた。ところが、スターリンの予想に反して、満州や南樺太を守備する日本軍の反撃は弱かった。ソ連軍は占領地域をみるみる広げていった。

うち続く戦いで劣勢に陥っている日本軍に往時の戦闘意欲なしとみたスターリンは、千島列島を奪い、あわよくば北海道の東部までを占領しようと目論《もくろ》んだ。

8月15日の正午、昭和天皇は、全国民に向けて「大東亜戦争終結ノ詔書」をご発表になった。その3時間後、スターリンは、極東ソ連軍総司令官アレクサンドル・ワシレフスキー元帥にクリル諸島（千島列島）の奪取命令を発した。

命令を受けたカムチャツカ半島のペトロパヴロフスク海軍基地では、急ぎ上陸部隊が編成された。8月18日未明、ソ連軍８０００余は、千島列島北端の占守島に砲撃を加えながら上陸してきた。占守島を守備していた堤《つつみ》不夾貴《ふさき》中将麾下《きか》の第91師団将兵は、これを迎え撃ち、多大な損害を与えてソ連軍の侵入を阻止した。

堤師団長は、翌19日からソ連軍との停戦交渉を開始した。停戦交渉の軍使に任ぜられたのは、師団付参謀の長島厚《ながしまあつし》大尉であった。長島軍使は、命を落とさんとする死地を切り抜けてソ連の上陸軍指揮官との接触に成功し、軍使の大任を果たした。停戦文書が日ソ両軍のあいだで調印されたのは、8月22日であった。

スターリンは占守島における日本軍の想定外の反撃にたじろぎ、北海道占領を断念したのである。

長島厚大尉はソ連に抑留され収容所生活を送った。長島大尉が日本に帰国したのは昭和23年5月であった。

筆者（上原）は、現在、真っ当な自国史の授業化を目的とする自由主義史観研究会（代表・藤岡信勝教授）に所属している。その研究会とのつながりから長島厚氏と知り合い、横浜市にある長島氏宅を訪ねて往時のお話を伺《うかが》う機会に恵まれた。

90歳を超えるご高齢でありながら矍鑠《かくしやく》としておられる長島氏は、小学校・中学校時代、将校となるための基礎訓練に励んだ陸軍士官学校時代、戦車連隊に配属されて見習士官から少尉になっていく満州時代、北千島に転じて中尉・大尉となりソ連軍と戦った占守島時代のお話をしてくださった。就中《なかんずく》、軍使としてソ連軍と停戦交渉を行なった経緯を伝えるお話は、私の心に深く刻印された。

長島氏の話を核とし、各種の文献・資料を参考に肉付けしながら原稿を書き、長島氏のチェックの上で出来上がったのが本書である。

長島氏を取材したり文献・資料を読んだりしていて気付いたことがある。それは、日本軍の将兵の多くが、日本の運命と我が運命を同一視していたということである。日本軍の将兵にとって、敵に国土を蹂躙《じゅうりん》されることは、賊《ぞく》に我が家を襲われ家族に危害を加えられるのと同じであった。身を挺《てい》して賊から家族を守るのが当然であるように、身命《しんめい》を賭《と》して敵と戦い、我が国土を守るのは当然のことであった。

国家は個人を束縛するもの、個人と敵対するもの、国家よりも個人が大事、つまるところ私の命がいちばん大事と思う今日の日本人とは、別種の日本人だったのだ。

長島宅を何度目かに訪問したときのことである。私は何気なく、「軍使の任務を命ぜられたとき、死ぬかもしれないという恐怖を感じませんでしたか」と長島氏に訊ねた。

長島氏は、いぶかしそうな顔をして応《こた》えた。

「わが身に与えられた大任を光栄に思い、身が火照《ほて》りました。任務の遂行、そのことしか頭のなかにありませんでした」

私は愚問を恥じた。

軍使の任務を全うした長島大尉は、堤閣下から「挺身遂任《ていしんすいにん》」の書を与えられた。しかし、身を挺しておのれの任務を遂行したのは、長島大尉だけではなかった。侵攻してきたソ連軍と戦い、身を挺して日本の国土を守ろうとした第91師団将兵たちもまた、おのれの任務を粛々と遂行したのである。

平成25年7月吉日

上原《うえはら》 卓《たかし》

目次

第2章　千島《ちしま》の防御とソ連の動静

第3章　ソ連軍、占守島に侵攻す　89

目　次

序章　「占守島《しゅむしゅとう》の戦い」とは何か

北方領土と千島列島

北海道から北と北東に向かって北方領土と呼ばれた日本の島々がある。南樺太《からふと》と千島列島である。

次頁の地図をご覧いただきたい。北方領土が時代によって、増減していることが分かる。

江戸時代から、千島列島と樺太には、日本人とロシア人が時に争いながら混住していた。幕末の安政元年（1854）にロシアとのあいだに結ばれた日露和親条約により、両国の国境は択捉島《えとろふとう》と得撫島《うるっぷとう》の間に定められた。北海道に近い択捉島・国後島《くなしりとう》・色丹島《しこたんとう》・歯舞《はぼまい》群島は日本の領土となり、得撫島から北につらなる千島列島はロシアの領土となった。

以後、日本とロシアの双方が、千島列島（クリル列島）と択捉島・国後島・色丹島・歯舞群島の北方4島を区別している。1895年発行のロシア帝国地学協会編纂の『ロシア風土記』も同じように区別・記録している。

ちなみに、千島列島のすべての島々を合わせた面積は1万5600平方メートルあり、東京都・神奈川県・埼玉県・千葉県に大阪府を合わせた面積よりも広い。

北方領土の移り変わり

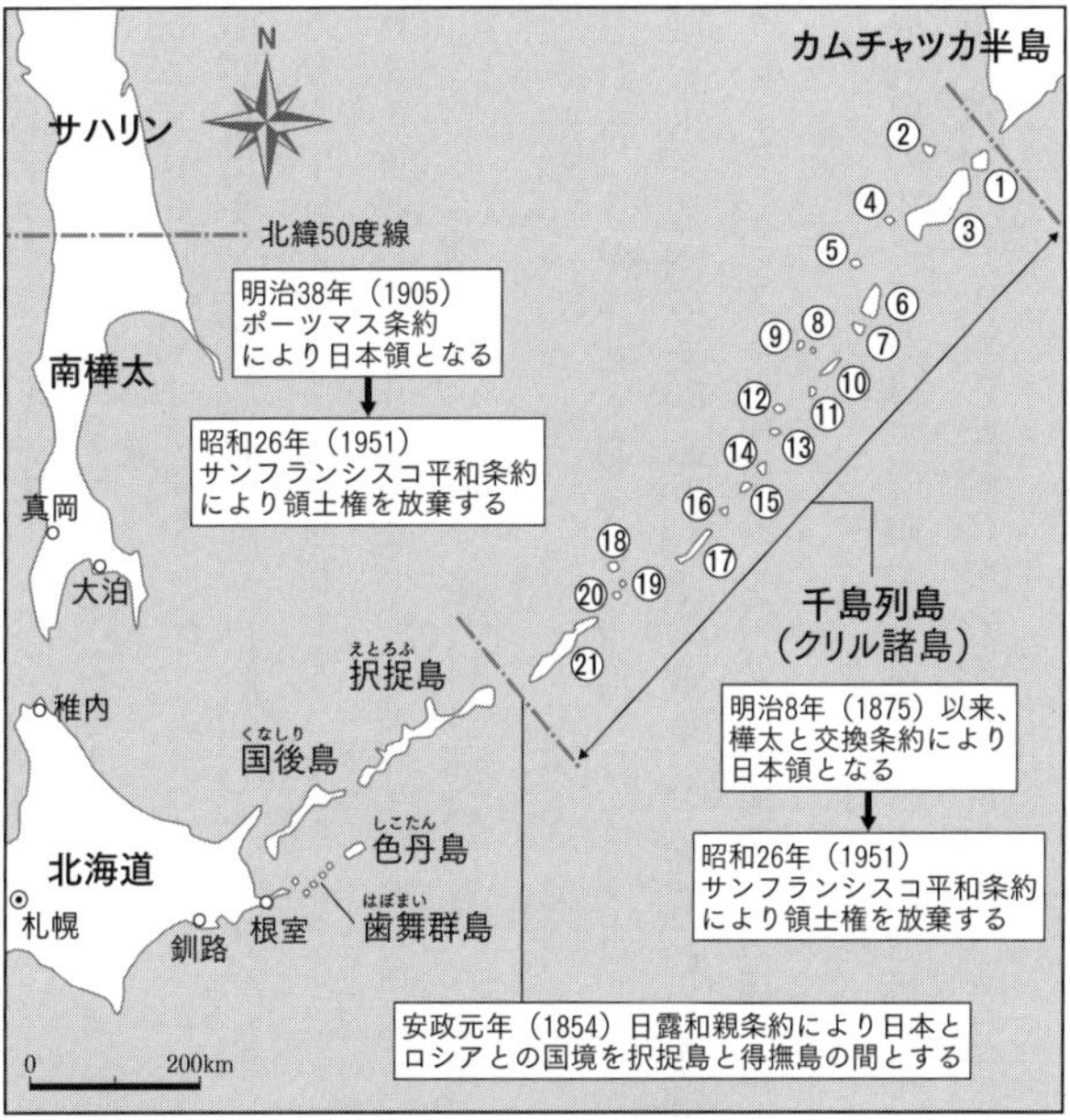

① 占守《しゅむしゅ》島
② 阿頼度《あらいど》島
③ 幌筵《ぽろむしろ》島
④ 志林規《しりんき》島
⑤ 磨勘留《まかんる》島
⑥ 温禰古丹《おんねこたん》島
⑦ 春牟古丹《はりむこたん》島
⑧ 越渇磨《えかるま》島
⑨ 知林古丹《ちりんこたん》島
⑩ 捨子古丹《しゃすこたん》島
⑪ 牟知《むしる》列岩
⑫ 雷公計《らいこけ》島
⑬ 松輪《まつわ》島
⑭ 羅処和《らしょわ》島
⑮ 宇志知《うししる》島
⑯ 計吐夷《けとい》島
⑰ 新知《しんしる》島
⑱ 武魯頓《ぶろとん》島
⑲ 知理保以《ちりほい》島（北島）
⑳ 知理保以《ちりほい》南島
㉑ 得撫《うるっぷ》島

明治時代に入って、日本とロシアは外交交渉を行なった。その結果、明治8年（１８７５）、得撫島から占守島《しゅむしゅとう》までを日本の領土とし、樺太をロシアの領土とする樺太・千島交換条約が両国間で結ばれた。

明治37年（１９０４）、日露戦争に勝利した日本は、明治38年（１９０５）、ポーツマス条約を結んで樺太の南半分を獲得した。

南樺太の面積は、およそ3万８０００平方キロメートルある。これは近畿2府5県（京都府・大阪府・兵庫県・滋賀県・奈良県・和歌山県・三重県）に愛知県を加えた面積に等しい。

昭和16年（１９４１）、日本はアメリカ・イギリス・オランダ・オーストラリアなどの連合国と大東亜戦争を始めた。その戦争に、敗れた日本は、昭和26年（１９５１）、48カ国とサンフランシスコ平和条約を結び、南樺太と得撫島以北の千島列島の領土権を放棄した。

千島列島のすべてが日本の領土であった時代の最後の年・昭和20年に、最北端の島で日ソ両軍が戦い、日本軍の勝利に終わった戦いがあった。「占守島の戦い」である。

「占守島の戦い」と長島《ながしま》厚《あつし》大尉の役割

大東亜戦争を戦った日本は、昭和20年（1945）8月14日、ポツダム宣言を受諾した。翌15日正午、天皇陛下の玉音放送があり、日本国民はわが国が戦いに敗れたことを知った。

その3日後の8月18日未明、8800余のソ連軍は、艦船からの砲撃を加えながら占守島の北端に近い竹田浜《たけだはま》に侵攻してきた。

日本軍は連合軍と協定して8月18日午後4時までに戦闘を完全停止することになっていた。言い換えると、18日未明の時点では、戦闘は停止していなかった。

竹田浜方面を守備していた第91師団 堤《つつみ》不夾貴《ふさき》中将麾下《きか》の独立歩兵第282大隊の大隊長村上則重《むらかみのりしげ》少佐は、8月16日、堤師団長から、「停戦交渉の軍使が上陸してくるかも知れないので、それに応ずる用意をしておくように」との指示を与えられていた。

しかし、砲声を聞いた村上少佐は、〈こんな真夜中に砲撃しながら上陸してくる軍隊が停戦交渉のための軍隊であるはずがない〉と判断し、現場の責任者として、直ちに反撃命令を配下に出した。

それとともに、堤師団長に「敵上陸。反撃開始」と電話報告をした。村上少佐の報告を受けた堤師団長は、北千島守備にあたっている将兵2万4000余に自衛のための戦闘の開始を命じた。

敢然と戦った第91師団将兵は、ソ連軍に多大な損害を与え、占守島深部への侵入を阻止した。堤師団長は、日本軍優位の状態を維持しつつ、19日からソ連軍司令官と停戦交渉を行なった。その結果、8月22日にソ連軍とのあいだに合意が成立し、日本軍は戦闘を停止し武装を解除した。

ソ連軍との停戦交渉をする軍使を命ぜられたのは、第91師団司令部参謀部付の長島厚大尉であった。長島大尉は、敵味方の弾丸が飛び交うなかを敵陣に向かい、幾たびも命を落としかける危機を乗り越えて、軍使としての困難な任務を全うした。

8月22日、スターリンはワシレフスキー極東総司令官に、北海道上陸作戦の中止命令を出した。スターリンは、占守島を一日で占領し、その勢いで千島列島を奪い、あわよくば北海道の北東部を占拠するつもりであった。

しかし「占守島の戦い」で日本軍の予想外の反撃にあい壊滅的打撃を受けたため、以後

若き日の長島厚氏

の作戦予定が狂い、北海道占拠を断念せざるを得なかった。

今でも、非難めいた口調で言う人がいる。

「日本はポツダム宣言を受諾して戦争を止めたのだ。武器を捨ててすぐに降伏すべきだった。そうすれば、大勢の日本軍将兵たちが命を落とさずに済んだであろうに」と。

だが、もし日本軍が戦わずに降伏していたら、勢いに乗ったソ連軍は北海道の東部にまで侵攻していたであろう。満州や南樺太に攻め込んだソ連軍がそこに住む日本の民間人に乱暴狼藉を働いたように、北海道に住む人々に対しても同様の所業をなしていたであろう。

もし日本軍が戦わずに降伏していたら、占守島の日魯《にちろ》漁業長崎《ながさき》工場で働いていた400余人の女子従業員たちは、ソ連軍将兵に凌辱されていたであろう。

北海道は東部をソ連が、西部をアメリカが分割統治していた可能性もある。一度奪った土地を手放さずそこに居座るのがソ連流である。北海道東部にソ連人が移住してきて、そこに前から住んでいる道産子たちの生活や生命は脅かされていたであろう。

本書は、我が国の領土保全の上で大きな意味をもっていた「占守島の戦い」の経緯と、停戦交渉の任にあたった長島厚大尉の活躍について紹介するものである。

長島氏の経歴・軍歴にかかわる部分の記述は、長島氏が各地で行なった講演のメモ、長島厚文書「北千島作戦時における停戦に至る経緯・交渉等について」（平成３年）に加えて、今回、あらためて筆者が長島氏にインタビューして得た情報を基《もと》にしている。

また、大野《おおの》芳《かおる》氏の著書、『８月17日、ソ連軍上陸す』（新潮社）にも長島氏から聞き取り調査をした部分があり、こちらも参考にした。

なお、長島氏は、「占守島の戦い」に参戦した将兵とその家族や遺族からなる「北千島慰霊の会」の会長を、平成13年から平成25年の現在にいたるまで務めておられる。

第1章　ノモンハンから大東亜戦争へ

長島厚の少年時代と、陸軍予科士官学校入学

まずは本書の主人公である長島厚大尉の簡単な経歴から紹介したい。

長島厚は、税務署長をしていた父英一と母ミツの五男として、大正10年（1921）7月26日、山口県厚狭《あさ》町に生まれた。数年後、厚は父の転勤にともない佐賀県武雄《たけお》市下西山に移り住み、少年時代を過ごした。

佐賀県は、鍋島《なべしま》藩士・山本常朝《やまもとじょうちょう》の「葉隠《はがくれ》」を生んだ土地柄である。「葉隠」にいう「武士道と云ふは死ぬ事と見つけたり」とは、主君のために命を擲《なげう》って仕えることである。長島厚が生きた時代の日本男子にとっては、皇国日本を護るためにわが身命を捧げることである。

長島厚は、大日本雄辯會（現講談社）から出版されている雑誌『少年倶楽部《くらぶ》』を愛読する少年であった。

アメリカとの戦争を予感する平田晋策《ひらたしんさく》が『少年倶楽部』に「日本もし戦はば」を発表したのは、昭和7年（1932）、長島厚が小学校5年のときであり、「肉弾三勇士」の話が新聞や雑誌で紹介されたのは、長島厚が小学校6年のときであった。

「肉弾三勇士」とは、上海事変（昭和7年）で支那に進出した日本軍が、鉄条網をめぐらした敵軍に阻《はば》まれ難渋していたとき、点火した破壊筒（長さ約4メートルの筒に爆薬20キロを詰めたもの）を持って鉄条網に突入し、これを爆破させ、自らも爆死した三人の兵士のことである。

長島厚は郷里が生んだ3人の英雄を尊敬しており、その滅私の勇気を讃える歌「肉弾三勇士」を好んで口ずさんでいた。

昭和9年（1934）4月、武雄中学校（旧制）に入学した長島厚の心を捉えたのは、国史を教える教師が語る忠臣烈士の話であった。

教師は、遠くは南北朝時代にあって後醍醐《ごだいご》天皇をお護りして足利尊氏《あしかがたかうじ》勢と戦い斃《たお》れた楠《くす》木正成《のきまさしげ》を語り、近くは日露戦争で旅順《りょじゅん》港の苦しい戦いを勝ち抜いた乃木希典《のぎまれすけ》を語った。

教師の語りから溢《あふ》れ出る憂国の情熱は、長島厚の胸を熱くした。

長島厚は、教師が楠木正成の「湊川《みなとがわ》の戦い」を朗々と吟じたとき、岡倉天心《おかくらてんしん》の『茶の本』のなかに出てきた「琴馴《ことな》らし」の逸話と重ね合わせて、心を震わせた。

――遠い昔、龍門《りゅうもん》の山峡《やまかい》に年古《ふ》りた桐の木が立っていた。あるとき、偉い仙人が、この桐を切り倒して琴を拵《こしら》えた。いろいろな人がその弦から音を弾《ひ》きだそうと努めた。しかし、誰一人として頑固な琴の精を馴《な》らすことはできなかった。琴は皇帝のもとに秘蔵された。あるとき、伯牙《はくが》という琴の名人がやってきた。伯牙は、悍馬《かんば》を宥《なだ》めるようにやさしく琴を愛撫《あいぶ》し、そっと弦に触れつつ、自然と四季の歌を歌った。すると虫のすだく声がし、悲しげな郭公《かっこう》の鳴き声が聞こえてきた。伯牙は調子を変えて戦いの歌を歌った。鉾《ほこ》を交える鋼鉄の響きや踏み鳴らす駒の蹄《ひずめ》の音を奏《かな》でた。たちまち龍門に嵐が巻き起こり、電光に乗る龍があらわれ、轟々《ごうごう》たる雪崩《なだれ》が山々を鳴動させた――

長島厚は国史とともに英語も好んだ。あるとき、長島厚は英語の授業でラフカディオ・ハーンの『十六櫻《ざくら》』を学んだ。

枯れかかった桜の老樹を、自分の命と引き替えに蘇《よみがえ》らせようとして、ある武士が老樹の下でハラキリをした。その武士の情愛と至誠に応えた老樹は、武士がハラキリをした陰暦の正月16日になると必ず桜花を咲かせた、という物語である。

この物語は、長島少年の心に深く記憶された。その記憶は、後に長島厚が軍人となり「占守島《しゆむしゆとう》の戦い」でソ連軍将校と停戦文書授受のやりとりをしたときに蘇ってきて、窮地に陥っていた長島厚を救うことになる。

憂国の情やみがたい長島厚は、中学5年のとき、陸軍予科士官学校を志願した。

陸軍士官学校は、海軍兵学校とともに、志願すれば誰でも入学できるという学校ではなかった。学業に秀でており、しかも品行方正であることを担任や配属将校（軍事知識の付与、軍事教練実施のため、大正14年公布の陸軍現役将校学校配属令に基づき、全国の中等学校以上の学校に配置された旧日本陸軍の現役将校）などに認められて校長に具申された者のみが受験することのできる、当時の少年たちにとって憧れの学校であった。

長島厚の熱望を受け止めてくれた担任の杉原《すぎはら》先生、配属将校の田部《たべ》少佐、准士官の田中《たなか》特務曹長たちの推薦により受験した長島厚は、見事合格した。昭和13年12月であった。

武雄中学校を中途退学した長島厚は、陸軍予科士官学校に入学した。17歳のときである。

長島厚の陸軍士官学校進学とノモンハン事件

東京市ヶ谷《いちがや》にある陸軍予科士官学校に入学した長島厚は、1年後、千葉県習志野《ならしの》にある陸軍騎兵第15連隊に配属された。そこで長島は、午前中は学業に勤《いそ》しみ、午後からは実地訓練に励んだ。

陸軍騎兵第15連隊には、今上《きんじょう》陛下（昭和天皇）の弟君《ぎみ》であらせられる三笠宮《みかさのみや》殿下が中隊長としてご在隊であった。

習志野で半年余りすごした長島は、昭和15年4月、神奈川県座間《ざま》市にある士官学校本科に進み、ここで初級指揮官としての戦術訓練に勤しんだ。

士官学校本科生の長島がもっとも尊敬していたのは、区隊長（予科士官学校・士官学校等において士官候補生と寝食をともにしながら士官候補生を教導する、小学校の担任教師の立場に似た中尉・大尉級の青年士官のこと）の向井正武《むかいまさたけ》大尉である。

向井大尉は、長島ら士官候補生たちと起居《ききょ》をともにしつつ先輩として指導助言をする立場にあった。

長島より7年先輩の向井区隊長は、陸軍士官学校において優秀な成績をおさめ恩賜《おんし》の銀時計（陸軍士官学校など陸海軍の主要な学校における成績優秀者に対して、天皇陛下からの褒《ほう》章《しょう》として銀時計が授与された。銀時計は天皇陛下御臨席の卒業式で与えられ、至高の名誉とされた）を与えられたエリートであった。

西郷隆盛に傾倒する向井大尉は、人格高潔にして闊達《かったつ》な軍人であった。向井大尉が書いた「洗心録《せんしんろく》」は、軍人としての心構えを士官候補生に説くことを意図したものであるが、同時に向井自身の軍人としての覚悟を識《しる》したものでもあった。

多くの士官候補生たちから敬愛されていた向井大尉は、後にニューギニア戦線において名誉の戦死を遂げる（中佐に昇進）。

向井正武の「洗心録」は、長島にとって向井を偲《しの》ぶ縁《よすが》になると同時に、自らの人生の指針ともなった。

昭和14年（１９３９）５月11日、満州を防衛する日本軍（関東軍）とモンゴルに進出していたソ連軍が激突した。世にいう「ノモンハン事件」である。戦闘は数次にわたってつづき、停戦協定が成立したのは９月16日であった。

日ソ対立の対象となった地域のうち、およそ8割はモンゴル・ソ連側の主張する国境線で、残る2割にあたる南部地域は日本・満州国側の主張する国境線に近いラインで合意がなされた。

日本軍の損害は、戦死7720名、戦傷8660余名、戦病2360余名、戦車損失30輌、航空機損失180機であった。一方、ソ連側の損害は、戦死・行方不明約8000名、戦傷・戦病約1万6000名、装甲車輌損失約400輌、航空機損失約350機であった。

機甲兵団を主体とする強力なソ連軍に対して、日本軍は巧みな戦術と果敢な攻撃、対戦車砲や野砲による砲撃、火炎瓶を用いた肉弾戦によるソ連軍戦車の撃破など、五分《ごぶ》以上の戦いをした。

関東軍はソ連の機甲兵団と戦闘を行なって、「馬は第一線の戦闘には不向き」という結論を出した。以後、わが国は、装甲車・戦車等の機械化兵団の充実を図るようになっていく。騎兵科の長島厚が士官学校卒業後、戦車連隊に配属される理由はここにある。

昭和16年（1941）7月2日、御前会議が開かれ、独ソ戦の推移をみながら南方へ進出しつつ、わが軍にとって有利な条件がそろえば北辺の安定を図るとの方針が決定された。

その決定に基づいて大本営陸海軍部は、対ソ戦備を強化することになり、極秘のうちに関東軍特別大演習を実施することにした。名目は演習であるが、機をみてソ満国境とモンゴルに駐屯《ちゆうとん》するソ連軍を排除しようとする狙いがあった。

当時の松岡洋右《まつおかようすけ》外相は日ソ中立条約を推進した人物であったが、その松岡自身が北進論の急先鋒に立っていた。松岡は、南進して米英を刺激するよりも、ソ連を撃《う》つことを主張したのである。

かくて最高機密に属する満州結集の命令が発せられた。計画では、関東軍、朝鮮軍、内地からの兵員あわせて約120万、飛行機約600機の兵力を動員するとしていた。7月上旬から中旬にわたって準備された兵員の移動は、7月下旬からはじまった。

北方への武力行使は、厳冬期に入る前に終了させる必要があり、作戦は遅くとも9月上旬に開始されなければならなかった。

満州の戦車連隊に配属された長島厚

士官候補生長島厚は昭和16年7月に陸軍士官学校を繰り上げ卒業して見習士官となった。同月下旬、長島は、満州東安《とうあん》省虎林《こりん》に駐屯《ちゅうとん》する戦車第4連隊に配属された。

虎林から30キロほど東に行くと、アムール川（黒竜江）の支流ウスリー川（烏蘇里江）に面した村落虎頭《ことう》がある。

虎頭の監視哨《かんししょう》には、虎林に駐屯する歩兵・砲兵などの各部隊から派遣された監視要員がいた。監視要員は、ウスリー川の対岸にあるソ連軍の基地イマンの動静を探ることを任務としていた。

長島は虎頭まで足を延ばしたことがあった。ウスリー川の岸辺に立って対岸を眺めた長島は、向こう岸をそぞろ歩くソ連兵の姿を見た。

彼らは、ソ連との戦いが始まると長島たちが真っ先に戦わねばならない相手である。長島は思わず身を引き締めた。

虎林の戦車連隊で長島が乗った戦車は、ノモンハン戦を闘った戦車第4連隊の戦車であった。戦車の車体のあちこちに弾痕《だんこん》や黒ずんだ斑点《はんてん》がついていた。

戦前の満州

N
ソ　連
アムール川
（黒竜江）
満州里
ハイラル
黒河
ノモンハン
ハバロフスク
外 蒙 古
チチハル
ウスリー川
満
州
虎林《こりん》
内 蒙 古
ハルビン
斐徳《ひとく》
イマン
興凱湖
新京
公主嶺《こうしゅれい》
間島
ウラジオストック
熱河
錦州
奉天
張鼓峰
北京
日 本 海
中華民国
大連
朝　鮮
東シナ海
0
200
400km

長島たちを指導したノモンハン帰りの教官は、その斑点の一つ一つを指しながら、「これは○○の血だ」と戦死した戦友の名前を挙げた。教官は、ソ連軍は手強《てごわ》くて苦戦したと真剣な顔で語った。

ノモンハン戦の敵主力戦車は、BT《ベーテー》－7戦車であった。BT戦車は、装甲・火力・速力において我が軍の97式中戦車を凌駕《りょうが》していた。97式中戦車が正面戦闘の不利を補ってBT－7戦車を仕留めるには、素早い機動と正確な射撃が必要であった。

ノモンハン戦を教訓にした長島たちの訓練は、丘に戦車の車体を隠し砲塔だけを出して射撃すること、敵の戦車に射撃される危険性のある平坦な地形においては、全速力で駆け抜け、別の遮蔽物《しゃへいぶつ》に飛び込むことに主眼がおかれた。長島は、〈これでは、まるで歩兵と同じだ〉と思った。

長島は、〈BTに負けてなるものか。ノモンハンの仇《かたき》を必ず討つ〉と密《ひそ》かに誓った。長島は、戦車をわが手足のように操縦できる「人車一体」の境地を目指して訓練に励んだ。

同年10月1日、長島は少尉に任官し公主嶺《こうしゅれい》陸軍戦車学校に入学した。公主嶺は、吉林省《きつりん》のほぼ中央に位置する都市である。

公主嶺陸軍戦車学校は、昭和14年8月、公主嶺の敷島台《しきしまだい》に創設された。教育の対象となる学生は、下士官《かしかん》、尉官《いかん》、佐官《さかん》であった。

佐官学生は戦術の学習と実際に大部隊を動かす指揮術の習得を目指した。下士官学生、尉官学生もその任務遂行に必要な実務的な知識を学び、また実弾を使った訓練に励んだ。

創設当初の公主嶺陸軍戦車学校の学生はノモンハンで実戦を経験した戦車隊員２５９名のみであった。しかし、その後急速に学生は増えていき、長島少尉が入学したときには、歩兵、戦車兵、砲兵、工兵、通信兵をあわせて８４００余名に達していた。

この学校で長島は、初級士官としての訓練を行なった。

対英米戦（大東亜戦争）のはじまり

満州に駐留する関東軍は、内地常駐・朝鮮在駐の各師団から抽出された兵員をふくめて、昭和16年7月末には70万に達していた。

8月2日、大本営陸海軍部に関東軍情報部から「東国境方面のソ連が無線封止を実施中」との秘密電話が入った。わが国が秘密裏に行なおうとしていた関東軍特別大演習を察知したソ連が、臨戦態勢をとったのである。

関東軍は、警戒を強めてこれから増兵するであろうソ連軍と全面対決することを望まなかった。また日本政府は、外交関係が悪化しつつあるアメリカとの関係に配慮しなければならなかった。

「総合的にみて今はソ連と事を構える時でない」との大本営の判断により、関東軍特別大演習は中止となった。

関東軍特別大演習の機密情報をソ連に流した新聞記者尾崎秀実《おざきほつみ》と、ドイツ人記者を装ったソ連赤軍諜報員リヒャルト・ゾルゲが逮捕されたのは10月であった。

昭和16年12月8日午前6時、大本営は、ラジオを通して日本国民に対英米戦（2日後に大東亜戦争と命名）の開戦を報じた。

長島厚は、開戦を報せる大本営発表を、公主嶺《こうしゆれい》陸軍戦車学校の食堂のラジオで聴いた。食堂のなかにいた将兵たちは「うおーっ」と歓声をあげた。長島は〈来るべき時がついに来た〉と思った。

昭和17年（1942）1月、長島厚は、東安《とうあん》省の斐徳《ひとく》に駐屯する戦車第11連隊に配属さ

公主嶺《こうしゆれい》陸軍戦車学校

（上）見習士官に対する射撃訓練。使用車は97式中戦車
（下）演習場で行なわれた訓練で敵情説明を受ける学生。
使用車は95式軽戦車
（『写真集 日本の戦車』光人社より）

れた。斐徳は、ソ満両国にまたがる興凱湖《こうがい》からおよそ40キロ北寄りにあった。

昭和15年3月に創設されたこの戦車連隊は、連隊番号の「十一」を士と読み替えて「士《し》魂部隊《こん》」と名付け、部隊の中に士魂神社をつくっていた。

700余名の将兵は実戦の経験はなかったが、10代の兵士もかなりいて平均年齢は若く、闘志満々であった。

斐徳の南300キロメートル先には、ソ連極東の要衝《ようしょう》ウラジオストックがある。ウラジオストックとはロシア語で「東方を支配せよ」の意である。軍港の町・ウラジオストックは、ソ連の東アジア進出の要衝である。

いずれは起こるであろう対ソ戦を想定した戦車第11連隊の将兵は、ソ連軍の数多い陣地をいかに突破してウラジオストックを攻略するかを念頭に置いた訓練に励んだ。

米国機の本土空襲から生まれたミッドウェー海戦とアリューシャン作戦

昭和17年4月18日、アメリカ航空母艦ホーネットから発艦したジミー・ドーリットル中佐率いるB－25爆撃機16機が、東京、神奈川、名古屋、神戸の各地を空襲した。爆撃機はそのまま日本上空を通り抜け、中国大陸に不時着し、機体は放棄された。

この空襲によって、わが国は死者87人、重軽傷者４６６人、家屋焼失２６２戸の被害を受けた。日本本土がアメリカ軍の攻撃圏内に入った衝撃は大きかった。

大本営は敵の空母部隊が日本を攻撃した場合の国民生活に及ぼす物質的影響以上に、国民に与える精神的影響の大きさを憂慮した。

大本営は、山本長官の主張を受け入れ、ミッドウェー諸島にあるアメリカ海軍基地を攻撃するミッドウェー作戦をとることにした。

日本海軍がこの作戦をとれば、作戦を阻止しようとして航空母艦をふくむアメリカ海軍の艦隊が現われるであろう、それを撃滅してミッドウェー諸島を占領し、飛行場をつくり哨戒飛行をすれば、日本本土を攻撃しようとするアメリカの空母部隊の行動を封ずることができるだろう、アメリカ潜水艦が日本近海に出没することを困難にするだろう、それが大本営の見込みであった。

大本営は、アメリカがミッドウェー諸島よりも更に日本列島に近いところにあるアリューシャン列島の西寄りの島々に、日本列島攻撃用の大型爆撃機が発進可能な飛行場をつくる前に、これらの島々を占領する作戦（アリューシャン作戦）を、ミッドウェー作戦と同時並行で行なうことにした。それには、アメリカがシベリアに航空基地を設けることを防ぐという狙いもあった。

実のところアメリカは、日本と開戦する6カ月前の昭和16年6月に武器貸与法を成立させ、ドイツと戦っているイギリス、ソ連、フランスに対して軍需物資の援助を行なっていた。

特に太平洋で手強《てごわ》い日本と戦うようになってからアメリカが行なったソ連に対する援助は、ソ連の対日参戦という見返りを期待してのことであろうが、驚くほどのものであった。

アメリカは、対ソ連武器貸与法を毎年更新し、そのたびに援助額を増やし、最終的に航空機約1万5000機、戦車約7000輛、ジープ約5万輛、トラック約38万輛、銃・機関銃約14万挺、機関車約2000輛、船舶400余隻などの軍需物資をソ連に貸与している。

そういうアメリカとソ連との関係であったから、大本営はソ連がシベリアにアメリカの

北太平洋の島々

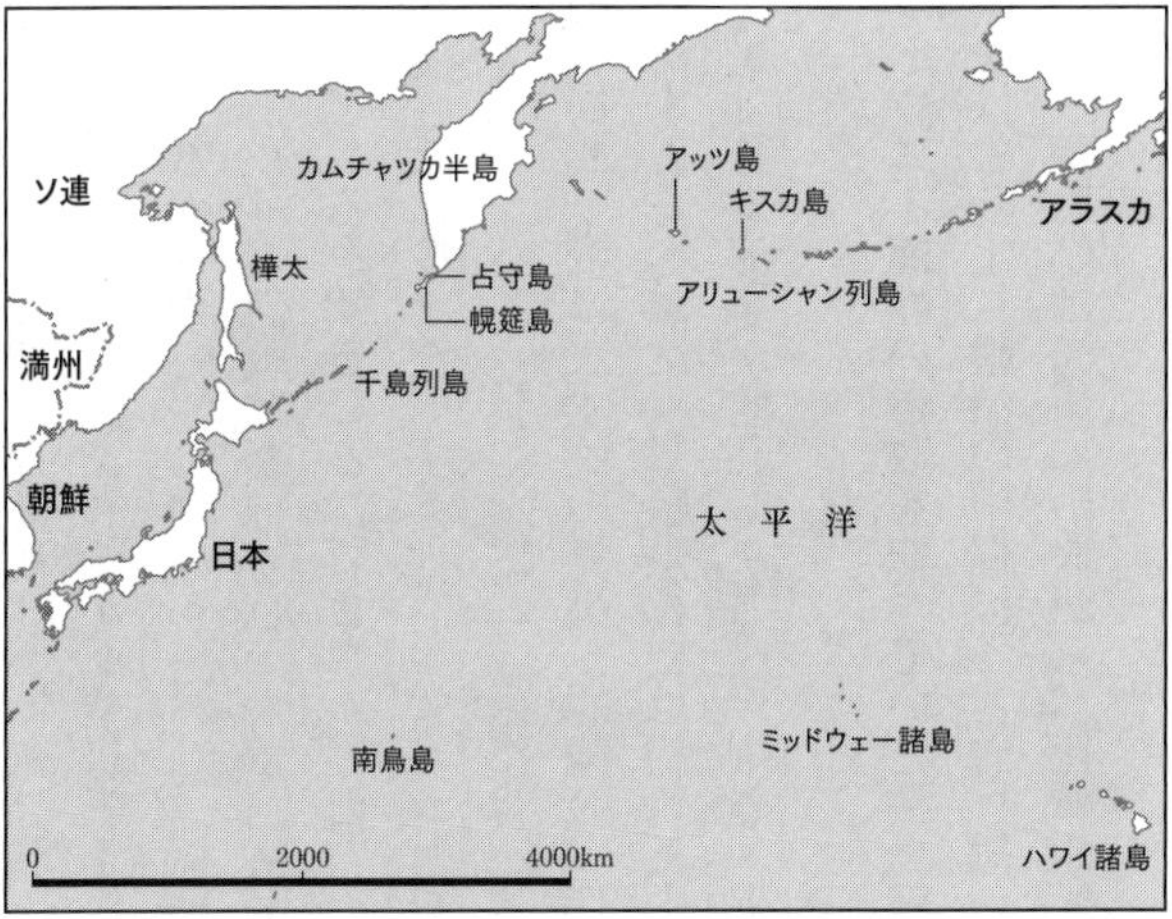

航空基地をつくることを許容することもあり得るとみたのであろう。

アメリカ爆撃機の本土空襲は、大本営がミッドウェー作戦とアリューシャン作戦の実施に踏み切るきっかけを与えたのである。

日本軍は昭和17年6月7、8の両日で、アメリカ領のキスカ島とアッツ島を占領した。しかし、その直前の6月5日から7日にかけて行なわれたミッドウェー海戦で、日本海軍はアメリカ海軍に手痛い敗北を喫していた。

ミッドウェー海戦における日本軍の損害は、沈没または破損した航空母艦4

隻、重巡洋艦《じゅうじゅんようかん》2隻、駆逐艦1隻、航空機289機、兵員約3000であった。一方、アメリカ軍の損害は、沈没艦船が航空母艦1隻、駆逐艦1隻のみで、失われた兵員は360余に過ぎなかった。

ミッドウェー海戦における日本海軍の敗北は海軍の機密とされ、東條英機《とうじょうひでき》首相ですら正確なところを知ることはできなかった。

大本営は偽《いつわ》りの戦果を発表した。6月11日の朝日新聞は、「東太平洋の敵根拠地を強襲」「ミッドウェー沖に大海戦」「米空母二隻撃沈」「わが二空母、一巡洋艦に損害」「太平洋の戦局此《この》一戦に決す」の見出しを載せ、16日には、「ミッドウェーの戦果擴大《かくだい》」「五巡洋艦、潜水艦をも撃沈　撃墜飛行機は約百五十」とダメ押しをした。

国民は日本海軍が勝利したと受け取り、海軍を称讃した。

ミッドウェー海戦の惨敗を知っていた長島厚

国民はもとより政治の中枢にある者も知らなかったミッドウェー海戦の悲劇的な結末について、長島厚は満州にいながら、比較的早い時期にそれを知った。それには次のような事情があった。

昭和18年の夏、長島は見合いをした。見合いの相手は満鉄に勤務する山﨑儀一《やまざきぎいち》の娘香津子《かづこ》であった。

香津子は関東《カントン》（旅順《りよじゆん》、大連《だいれん》など遼東《リヤオトン》半島周辺の日本の租借地）州の周水子《しゆうすいし》に生まれ、大連《だいれん》にある弥生《やよい》高等女学校を卒業していた。香津子には海軍機関学校出身の栄《さかえ》という兄がいた。海軍大尉の栄は、重巡洋艦「愛宕《あたご》」の機関科分隊長としてミッドウェー海戦に参戦した。

その栄が、ミッドウェー海戦の後、南方戦線に移動する途次、束の間《つかのま》の休暇を得て、母と香津子の住む佐賀県武雄市に立ち寄ったことがあった。

そのとき栄は、「誰にも決して話してはならない」と念を押した上で、ミッドウェー海戦における日本海軍の惨敗を母と香津子に語り、「今度のアメリカとの戦いは、日本が負けるかも知れない」と結んだ。

香津子と婚約したころ、長島は、戦車第11連隊のある斐徳を離れて吉林省の西南部にある四平《しへい》の戦車学校で訓練に励んでいた。

訓練のないある日、長島は武雄市から呼び寄せた香津子と四平郊外を散策しながら、二人の今後の生活について話しあった。

そのとき香津子は、兄が洩らしたミッドウェー海戦の敗北と日米戦の帰趨《きすう》についての悲観的な予測を長島に伝えた。長島は、戦局が想像しているよりもわが国に不利なものになりつつあることを知った。

四平戦車学校での訓練を半年ほどで終えた長島は、斐徳にもどった。妻となった香津子は、長島の後を追って斐徳に身を移し、軍の官舎で暮らすことになった。

アッツ島玉砕とキスカ島からの撤退

ミッドウェー海戦と並行して、大本営はアリューシャン作戦をすすめた。北海道にある第7師団から抽出された混成旅団は、千島列島の幌筵島《ぽろむしるとう》経由でアリューシャン列島のキスカ島とアッツ島に、将兵と物資を輸送した。

輸送の途中で、アメリカの航空機や潜水艦に攻撃され約400名の戦死者を出しながら、キスカ島に約5200名、アッツ島に約2600名の将兵を上陸させた。キスカ島とアッツ島に上陸した日本軍は、すぐに基地づくりにとりかかった。

しかし、制海権と制空権をほぼ握っているアメリカ軍は、潜水艦と爆撃機を用いて執拗な攻撃をしかけてきた。そのため、日本軍は、船舶で両島に資材を運び込んだり飛行場を建設したりする作業を、ほとんど進めることができなかった。

昭和18年（1943）2月、大本営は北方軍司令官樋口季一郎《ひぐちきいちろう》中将に対し、海軍と協同して西部アリューシャン方面を確保せよとの命令を発した。また、今後の情勢の推移に応ずるため、カムチャツカおよび樺太方面における対ソ作戦の準備を命じた。

同年5月12日、戦艦、空母、巡洋艦、駆逐艦など30隻からなるアメリカ軍がアッツ島に艦砲射撃を加えたのち、1万1000名の将兵による上陸を敢行してきた。

圧倒的に優勢な火力を持つ上陸部隊を迎えた2600余名のアッツ島守備隊は、司令官山崎保代《やまざきやすよ》大佐の指揮のもとに勇戦した。

負傷してアメリカ軍の捕虜となった佐藤国夫《さとうくにお》上等兵は最後の突撃をする5月29日の夜、山崎大佐が残存将兵700余名を集めて行なった訓示の内容を、手記に残している。

「私の力が至らぬばかりに部隊を全滅に陥れ、数多くの戦友を殺してしまった。そして今、座して死を待つよりは万に一つの僥倖《ぎようこう》を頼みとし、生還を度外視して、最後の攻撃を決行する。どうか、私の胸中を察して許してもらいたい。今まで、皆と苦労を共にして来たが、この間、皆が心から私に尽くしてくれた事に対して深く感謝する。われらの死が決して無駄にならぬよう、軍人らしく立派に死のうではないか」

皇居のある南東に向かって遥拝《ようはい》し、祖国の安泰を祈念した将兵たちは、午後9時、山崎大佐を先頭にアメリカ軍陣地に突撃し玉砕した。日本軍にとって初めての玉砕であった。

翌30日、千島列島の幌筵島《ぼろむしるとう》におかれている司令部通信隊は、アメリカ軍の通信を傍受して、アッツ島守備隊の突撃がアメリカ軍を一時大混乱に陥れたことを知った。

アッツ島玉砕により、アリューシャン方面の制海権と制空権は、完全にアメリカ軍の握るところとなった。キスカ島守備隊5200余名は孤立した。

しかし、日本軍は、巡洋艦と駆逐艦等11隻によってキスカ島守備隊全員を8月1日までに幌筵島に撤収させた。日本艦隊は、海上に時々発生する霧を利用してアメリカ艦船の監視の目を巧みにくぐり抜けたのである。

８月15日、日本軍が撤退したことを知らないアメリカ軍は、キスカ島に戦艦と巡洋艦による猛烈な艦砲射撃を加えた後、約３万４０００名の将兵を濃霧のなか上陸させた。上陸したアメリカ将兵が見たものは、遺棄《いき》されたわずかばかりの軍需品と数匹の犬だけであった。

かくて、アリューシャン方面から完全撤兵した日本軍の北の守りの最前線は、占守島となった。

ソ連国旗を掲げた米国船舶が悠々と通過する占守海峡

千島列島の西と東から包むように広がるオホーツク海と北部太平洋は、サケ・マス・タラ・ニシン・カニなどの海産物が豊富で、世界でも屈指の好漁場となっていた。

日魯《にちろ》漁業や大洋《たいよう》漁業などの水産会社は、この海域に大型船団を出して操業を行なっていた。千島列島の各地に日魯漁業の缶詰工場が合わせて34箇所あり、夏季には２万人の従業員が働いていた。

ミッドウェー海戦で日本に勝利したアメリカは、昭和18年秋、日本攻略の一ルートとして、アリューシャン列島、千島列島を経て北海道にいたるルートを考えた。守備の手薄な北海道を占領し、そこを足がかりにして本州に攻め込もうというわけである。

昭和18年9月12日、アッツ島を基地とするアメリカのB－24爆撃機25機が幌筵海峡を襲撃した。海峡付近を航行していた日魯漁業の輸送船1隻は被弾炎上した。銃撃を受けた2隻は、乗組員40名が死亡し、17名が負傷した。

幌筵島の北《きた》の台《だい》基地から飛び立った横崎《よこさき》二郎《じろう》中尉の操縦する一式戦闘機は、敵爆撃機に体当たりし、爆撃機もろとも空に散った。戦死した横崎中尉は、第5方面軍司令官樋口《ひぐち》季一郎《きいちろう》中将より感状が授与され、少佐に2階級特進した。

昭和18年12月21日の夜、占守島の国端崎《こくたんざき》方面に飛来したアメリカ機は、照明弾を投下し周囲の地形を観測して去った。以後、翌19年（1944）の1月23日までに延べ30機が占守島と幌筵島に飛来した。地形と日本軍の配置状況を調べ、上陸適地を探るためと思われた。

昭和19年2月4日、アメリカ軍は、巡洋艦2隻、駆逐艦7隻をもって幌筵島南端の武蔵《むさし》湾にある海軍基地を砲撃した。来襲したアメリカ軍の艦載機27機は、機銃掃射し爆弾を投下した。そのために、弾薬庫の弾薬が誘爆を起こし将兵40余名が戦死した。

昭和19年に入るとアメリカは、対ソ武器貸与法により、アラスカのコールドハーバーに、ソ連太平洋艦隊の水兵約1500名を受け入れた。

水兵たちは、アメリカのフリゲート艦、掃海艇、駆逐艦、警備艦、上陸用舟艇など13 8隻に乗艦して訓練を受けた。訓練を終えると、艦船はソ連に引き渡された。

これらの艦船は、後にソ連軍の占守島上陸作戦に使用されることになる。

また、アメリカは、ソ連の旗を掲げた船舶を用いて、戦車・大型爆撃機・各種兵器と弾薬・自動車・燃料・食糧などの軍需物資を、アラスカから占守海峡を経由してウラジオストックに送った。

ウラジオストックに陸揚げされた軍需物資は、主にシベリア鉄道を経由してヨーロッパ戦線に移送され、ソ連軍の頼もしい〈援軍〉となった。

我が国は、ソ連と中立条約を結んでいる。ソ連の旗を掲げて占守海峡を通る船舶に停船命令を出して積み荷を調べるわけにはいかない。いわんや砲撃を加えるにおいてをや。ソ連を敵とみなすことになるからである。日本軍は切歯扼腕《せっしやくわん》しながら見逃すしかなかった。

大本営は、アメリカ軍が本格的な千島列島上陸作戦を取る日は近いと判断し、昭和19年2月10日、千島方面に対する兵備強化の命令を発した。

その命令に従い、北海道と本州に配置されている歩兵部隊、海上機動隊の一部、満州に展開している戦車連隊が、千島列島防備に回されることになった。

第2章　千島《ちしま》の防御とソ連の動静

満州から北千島に移動する戦車第11連隊

斐徳《ひとく》の関東軍戦車第11連隊に「イ号演習のため、24時間以内に東京城《とんきんじょう》に向けて出発せよ」という移動命令が出たのは、昭和19年（1944）2月13日である。東京城は、斐徳の南方400キロ、牡丹江《ぼたんこう》南部にある町である。

戦車第11連隊の将兵たちは、イ号演習の中味を知らされなかったが、これから向かう先が戦場であると直感した。

将兵たちは、太平洋上の海戦や島々の攻防戦でわが軍がアメリカ軍に負け続けているという噂を耳にしていた。これから向かう先がどこであれ、生還は期しがたいと覚悟した将兵たちは、慌《あわ》ただしい移動準備の合間をみて、親や妻に宛てた遺書を書いた。

戦車第11連隊の将兵700余名は、整備を終えた戦車を無蓋車《むがいしゃ》に積み、2月14日、斐徳を発った。無蓋車は東京城に着いても停《と》まらず、そのまま朝鮮半島に入った。将兵は戦車とともに釜山《プサン》から船で門司《もじ》に渡り、門司から貨物列車に乗り換えて青森まで行き、青函《せいかん》連絡船に貨物列車ごと乗り込んで函館《はこだて》に着き、さらに北に進んで小樽《おたる》で停まった。2月26日の未明であった。

イ号演習とは、戦車隊の移動の場所と目的を敵味方から秘匿《ひとく》するためのカモフラージュだったのである。

長島中尉（18年12月、少尉から昇進）は、それを遡《さかのぼ》る2月1日、戦車第11連隊長来嶌《くるしま》則和《のりかず》大佐から特別の任務を与えられた。その任務とは、「下士官と兵2名を伴って東京へ行き、噴射ポンプをできるだけ多く調達し、2月26日に小樽に集合せよ」というものであった。

噴射ポンプは、戦車の心臓部であるエンジンに燃料の軽油を注入するときに用いる。戦車は土埃《つちぼこり》のなかを走るために、噴射ポンプに土埃が詰まり動かなくなることがある。すべての戦車が十分に戦うことができるよう、噴射ポンプをできるだけ多く確保しておく必要があったのである。

長島は、出発する前に妻香津子《かづこ》のいる官舎に立ち寄った。思いがけない時間に戻ってきた長島を見て、香津子は〈いよいよ夫が戦地に赴くときが来た〉と察した。

長島は、妊娠している香津子に、「子供が生まれたら、男であっても女であっても黎明《れいめい》の黎の字をつけてくれ」と頼んだ。

長島は思っていた、「私は生きて還《かえ》ることはあるまい。私の死後に生まれてくる子が、自分の名前のつけられた由来を知り、父親である私を思い出す縁《よすが》にしてほしい」と。

やがて戦争は終わり、祖国日本に穏やかな黎明を迎えるときがやってくるであろう。明るい陽光の降りそそぐ郷里武雄《たけお》に生きるわが子の心のなかで、長島は生き続けたいと願った。

長島は、香津子に遺書を渡す代わりに、軍隊手牒《てちょう》と位牌《いはい》を形見として託した。

軍隊手牒とは、日本帝国軍人としての心構えを記した小さな手帳である。そのなかに載《の》っているのは朱文字で記された明治天皇・大正天皇・今上《きんじょう》天皇の勅諭《ちょくゆ》である。勅諭の後には黒文字の「軍隊手牒ニ係《かかわ》ル心得《こころえ》」と「應召及《おうしょうおよび》出征時ノ心得」が続いて、履歴欄で終わる。

明治天皇の勅諭は、神武天皇の御代《みよ》に遡る軍人の来歴から説きおこして、帝国軍人の心構えの基本が忠節・礼儀・武勇・信義・質素にあることまでを詳しく説き及んでいる。

大正天皇・今上天皇の勅諭をあわせると、およそ3500字からなる三つの勅諭を、日本帝国軍人は暗記する義務があった。もちろん長島も諳《そら》んじていた。

軍隊手牒のなかの「應召及《およ》び出征時ノ心得」の二「召應時ノ處置《しょち》」にある「敵中《てきちゅう》ニ突進《とっしん》シテ遺骸《いがい》ヲ殘《のこ》サズ…寫眞《しゃしん》、毛髪《もうはつ》、爪等《つめとう》ヲ残《のこ》シ置《お》クヲ可《か》トス」の一節も長島の念頭にあったことは、言うまでもない。

こうして、長島は（後年、長島の語るところによれば）「キスする暇さえない」慌《あわ》ただしさのなかで香津子と別れ、斐徳《ひとく》の駅に向かった。

長島が斐徳を発った数カ月後、身重《みおも》の香津子は、長島の母親の住む佐賀県武雄市に引き揚げた。昭和19年9月、長島家に女児が誕生した。女児は黎子《れいこ》と命名された。

小樽に集結した戦車第11連隊の隊員は、民家に分宿して次の命令を待ちながら時を過ごした。

3月16日、大本営は北海道・南樺太・千島列島を作戦地域とする第5方面軍を編成した。司令部は札幌《さっぽろ》に置かれ、司令官として樋口季一郎中将が任命された。戦車第11連隊は、樋口中将の指揮下に入った。

4つの梯団《ていだん》に分散された戦車第11連隊の第1陣が、船舶に積み込まれた戦車とともに小樽港を出港したのは昭和19年4月5日であった。

千島列島最北端の島・占守島

4月24日、長島中尉が乗った第2梯団《ていだん》の「天領丸《てんりようまる》」は、軍艦「宗谷《そうや》」に先導されて小樽港を出発し、アメリカの潜水艦や航空機の攻撃の合間を縫って進み、4月29日、幌筵《ぽろむしる》海峡に入った。

すかさず占守島《しゆむしゆとう》の長崎浜《ながさきはま》から、特別大型発動艇（特大発＝上陸用舟艇）が「天領丸」に近づいてきた。特大発は、平らな舳先《へさき》を前に倒せば将兵や車輌がそのまま上陸できる構造になっていた。占守島に陸揚げされた戦車と物資は、岩木台《いわきだい》（戦車第11連隊の将兵は士魂《しこん》台《だい》という通称をつけた）に運ばれた。

長島中尉は、第91師団の戦車第11連隊の将校として占守島に着任した。戦車連隊長の来《く》る嶋則和《しまのりかず》大佐は、翌日から戦車に乗って占守島の地形調査を開始した。戦車隊が作戦行動をとる際に必要な情報を得るためである。長島中尉は、この調査に同行した。

ここで、千島列島とその中の一つの島である占守島について概観する。

カムチャツカ半島の南端から北海道までのおよそ1200キロメートルにわたってつらなる千島列島と北方4島は、オホーツク海と太平洋とを分けるように横たわっている。そ

占守島《しゅむしゅ》と幌筵島《ぽろむしる》

れは30の大きな島、20以上の小さな島および多くの岩礁から成り立っている。

大きな島は択捉島《えとろふとう》、得撫島《うるっぷとう》、国後島《くなしりとう》および幌筵島《ぱらむしるとう》である。千島列島には160以上の火山がある。うち38は活火山であり、島では頻繁《ひんぱん》に地震が起きる。平地と死火山の周囲には多数の湖がある。火山から流れ出る河川は急傾斜で、瀬《せ》が多い。河川の多くは海岸に達して滝をなす。海岸線のほとんどは断崖絶壁になっていたため、港湾を得にくい。

千島列島の南のほうの島々は針葉樹林に覆われているが、北にゆくにつれて島の樹木は矮小《わいしょう》となり、人間の背丈《せたけ》よりも低いハイマツ類が群生している。

4番目に大きな幌筵島の面積は、2053平方キロメートルある。これは大阪府の面積よりも広く、東京都の面積にほぼ等しい。幌筵島の柏原《かしわばら》に、堤不夾貴《つつみふさき》中将を師団長とする第91師団司令部が置かれたのは、昭和19年4月である。

千島列島の最北端に位置する占守島は、全長約25キロメートル、幅約12・6キロメートル、周囲64キロメートルの楕円形の島である。面積はおよそ385平方キロメートルある。これは沖縄本島の3分の1弱、硫黄島《いおうとう》の約18倍の大きさである。

北端は、幅12キロメートルの占守海峡を隔ててソ連領のカムチャツカ半島のロパトカ岬と向きあっている。島のもう一方の端は、幅約2キロメートルの幌筵海峡を挟んで幌筵島に接している。

昭和18年5月に占守島守備についた工兵の岩村秀夫《いわむらひでお》の語るところによれば、占守島には道路が1本もなく、まず何より道路造りに汗を流したそうである。8月前後になると白夜《びやく》が続き、消灯ラッパが鳴っても太陽が煌々《こうこう》と照っていて、生活のリズムをつくるのに苦労したと岩村はいう。

占守島には、春から夏にかけて20メートル先も見えないほどの濃霧がしばしば発生した。濃霧に風が加わると、道路造りの作業を半日しただけで、霧と汗で襦袢《じゆばん》や袴下《こした》（ズボン下）から褌《ふんどし》までびしょ濡れになった。

工兵を先頭に全将兵が汗を絞りながら造った占守島を南北に結ぶ道路は、昭和18年10月にほぼ完成し、占守街道と命名された。街道の幅は6、7メートル。湿地帯には丸太で土留《どど》めを施《ほどこ》し、川に橋が架《か》けられ、丘は切通《きりとお》しになっていた。

島内の各所には、将兵の居住する三角兵舎が造られた。土を掘り戸板様《よう》のパネルを組み立てて側壁とし、屋根を地面すれすれの高さにつけた三角兵舎は、敵機が偵察飛行をしても見つけにくくなっていた。

来嶌《くるしま》連隊長たちは、地勢を調べ各部隊の配置を記録しながら占守街道を北に進み、四嶺《しれい》山《ざん》の右手に出た。

四嶺山は男体山《なんたいさん》、女体山《にょたいさん》、双子山《ふたごやま》の四つからなっており、最も高い男体山は171メートルあった。四嶺山の北側斜面には草原が広がり、ハイマツの藪《やぶ》がたくさんみられた。地を這うように広がるハイマツの枝は、戦車にとって難物である。キャタピラがハイマツの硬い枝を巻き込むと戦車は動けなくなり、敵に狙われるからである。

戦車隊が濃い霧のなかで戦闘行動をとるときに、戦車がハイマツに絡《から》まれぬ用心に加えて、沼沢地《しょうたくち》にはまり込まぬよう気をつける必要があることを来嶌連隊長たちは確認した。

斜面の前方に、砂浜海岸が延びているのが見えた。全長およそ3キロメートルの竹田浜《たけだはま》であった。

竹田浜は、岩礁と絶壁にかこまれている占守島のなかで唯一の広い砂浜である。アメリカ軍が占守島に上陸してくるとすれば竹田浜以外にはないと想定した第91師団は、浜の北端である国端崎《こくたんざき》と南端の小泊崎《こどまりざき》と竹田崎《たけだざき》に洞窟陣地をつくっていた。

ソ連軍が上陸した占守島の竹田浜

幌筵島・柏原に置かれた師団司令部の周辺。左前方が占守島
（加藤政雄編『追憶』幌友会より）

来嶌連隊長の一行は、四嶺山を左後方にしながら国端崎に向かった。海峡に面した断崖の上にある監視哨に近づくにつれて、風が強くなってきた。潮の流れの速い占守海峡は、激しい気流の通り道になっていた。

監視哨に着いた来嶌連隊長たちは、目の下に広がる占守海峡を眺めた。長島中尉は、双眼鏡で海峡のはるか向こうにあるカムチャツカ半島のロパトカ岬を見た。燈台とソ連軍の監視哨が意外な近さに見えた。

国端崎の監視哨を守備している兵士のいうところによれば、ロパトカの燈台は「点《つ》かずの燈台」と呼ばれていて、夜、灯が点かない不思議な燈台なのだそうである。

大気が澄んでいるときには、ロパトカ燈台のそばに女物《おんなもの》らしい洗濯物が干してあるのが見えたり、冬季にはスキーに乗って歩いている兵士らしい姿が見えたりするとのこと。

監視哨から少し離れたところに、岩盤をうがち、丸太で補強した野砲陣地があった。陣地はコンクリート造りで、土を盛ったその屋根には草木を生い茂らせ、建造物と気づかれないよう擬装が施《ほどこ》されていた。アリューシャン方面から飛来するアメリカ軍の偵察機の目にとまらないようにするためであった。

占守島の対空監視所
(写真提供／毎日新聞社)

地形調査を終えた来嶌連隊長たちは、岩木台の戦車連隊本部にもどった。

長島中尉による北千島実地調査

昭和19年10月1日、長島中尉は、戦車連隊から第91師団司令部の参謀部に配属替えとなった。幌筵島の柏原《かしわばら》の師団司令部に入った長島中尉は、柳岡武《やなぎおかたけし》参謀長から第91師団が守備範囲にしている北千島のうちの、すでに調査を終えた占守島を除く島々、すなわち幌筵島《ぽろむしるとう》、温禰《おんね》古丹島《こたんとう》、春牟《はりむ》古丹島、捨子《しやす》古丹島の兵要地誌調査を命ぜられた。

長島中尉は、成瀬《なるせ》曹長ほか1名の部下

を率いて、幌筵島南端の武蔵《むさし》基地から順番に、捨子古丹島まで巡視し、地形と陣地の現状を把握してまわった。

10月の北千島は、厚い雪に覆われている。寒気の厳しい北千島のさらさらした雪は、その上を歩くと脚がずぼずぼ埋まる。島に上陸して陣地までスキーなしで行くのは難儀であった。

九州出身でスキー経験皆無《かいむ》の長島中尉にスキーの乗り方を教えてくれたのは、北海道旭川《あさひかわ》商業出身の成瀬曹長であった。成瀬曹長は、後に長島厚がソ連軍との停戦交渉の軍使を命ぜられたとき、長島軍使の随員として行動をともにすることになる。

北千島の冬の厳しい気象条件のなかで守備についていた将兵の苦労の一端をうかがい知ることのできる資料がある。昭和18年10月、幌筵島の南端にある武蔵《むさし》基地に配属されて北千島守備についていた伊佐《いさ》二久《つぐひさ》大尉が、後年、「北千島慰霊の会」の機関誌に寄せた一文である。

その要旨を、紹介する。

――吹雪が物凄《ものすご》く風速55メートルに達し、這《は》って行こうとしても風で押し戻される有様でした。兵舎がなく島の樺里《かばさと》地区でテントを張りましたが、厚いテント生地がズタズタに裂けるほどで、10メートル離れた便所に行ったきり迷って帰れず凍死する兵隊もいました。吹雪には慣れているはずの犬橇《いぬぞり》が遭難する例もありました。ある部隊のテントが雪崩《なだれ》に遭って潰《つぶ》れ生き埋めとなり、私たちが助けに行きましたが何人かは死にました。（中略）

春になると吹雪の代わりに霧が深く立ちこめます。自分の足元さえ見えないほどの霧で、海軍機が着陸できず、岸壁に衝突して飛行士は死亡。遺体を収容して荼毘《だび》に付《ふ》し、僧侶の兵隊にお経をあげてもらい、海軍から感謝されました。（中略）

海が荒れると食料が届かず、飢えに苦しみ、雑草やネズミまで食べました。ブシというアイヌ人が毒矢に使う雑草を食べて全員が下痢をしたこともありました。

アザラシが岩の上に寝そべっているのを機関銃で掃射し、その肉で飢えを凌《しの》いだこともあります。温かくなると産卵のため川に鮭《さけ》が群れをなして上がってきました。銛《もり》をつくって突いて捕まえ食糧の足しにしました。兵舎の入口に鮭を干しておいたら、夜中にヒグマが来て全部食べられたこともありました。
時にはヒグマが谷を走っているのを見かけました。ヒグマの一撃を受けたら人間の頭など吹っ飛ぶと聞きました。あるとき、アイヌ族の兵隊が歩哨で立っていたところにヒグマが来訪しました。さすが勇敢なアイヌ族だけに見事ヒグマを射殺しました。おかげで私たちもヒグマの肉をご馳走になりました。（中略）
高い木はなくハイマツという低い木の茂る原野を歩いていて、キタキツネや雷鳥をよくみかけました。人見知りしないため、近くまで寄っても逃げません――

第91師団2万余の兵員は、占守島および師団司令部のある幌筵島北端の柏原付近に集中的に配備されていた。

対照的に、幌筵島の中央部から南部にかけた海岸線と、温禰古丹島《おんねこたんとう》、春牟古丹島《はりむ》、捨子古丹島《しやす》の海岸沿いに配備されている兵員は極めて少なかった。

いつ襲来するか知れない敵に備えて孤島の陣地を守る将兵たちは、荒涼とした原野を眺め、陣地のある断崖の上から寒々とした海を眺めながら単調な日々をすごしていた。

長島中尉の北千島調査の行程

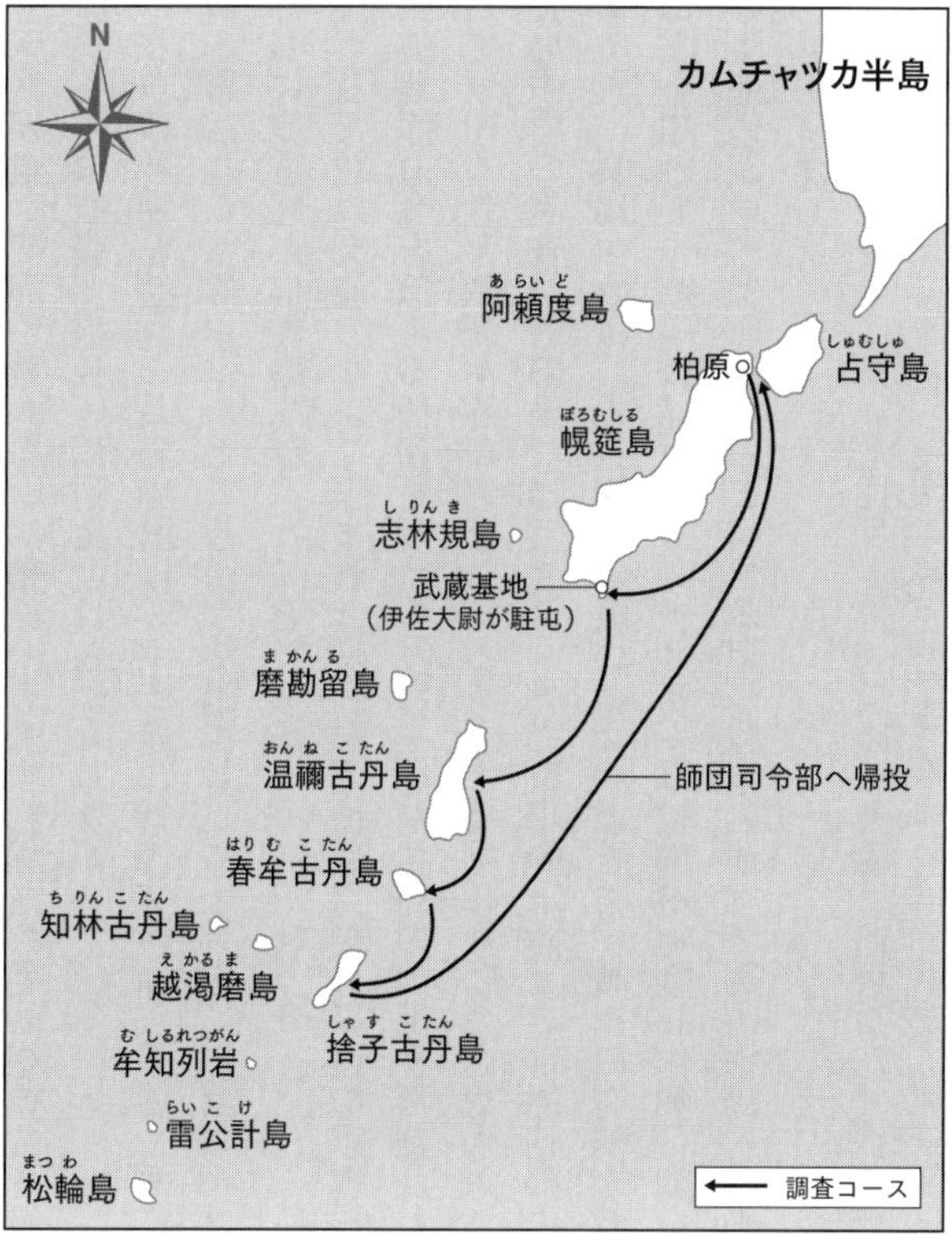

悪天候が続いて海が荒れると、柏原からの食糧輸送の船が接岸できなくなり、陣地を守る将兵たちは空腹と孤独感に耐えなければならなかった。

これらの陣地を訪れた長島中尉は、手土産に持っていった羊羹《ようかん》や酒を渡して将兵たちに大いに喜ばれた。偉ぶったところがなく誰に対しても気さくに話しかける長島中尉は、将兵たちに親近感と信頼感を与えたことであろう。

こうした短い交流のなかで生まれた良好な関係は、後にソ連の軍艦に同乗して堤師団長の武装解除命令を伝える任務を与えられた長島が各島の陣地を再び訪れたとき、将兵たちをしてすんなりと武装解除に応ぜしめる大きな要因になったと思われる。

長島中尉の調査目的の一つは、アメリカ軍戦車の上陸する可能性のある島と地点の予測であった。長島中尉は、歩兵同士の戦いになったとき、戦車の有無《うむ》が戦局を大きく左右することを知っていた。長島中尉は、アメリカ軍戦車が上陸し作戦行動をとる島として占守島の可能性がいちばん高いこと、日本軍は戦車のすべてを占守島に配備するにしくはないことを再確認した。

北千島調査の後半に入った12月1日、長島は大尉に進級した。長島大尉は、寒風吹きすさぶ12月下旬、無事調査を終えて師団司令部にもどり、調査結果を柳岡参謀長に報告した。

翌20年（１９４５）１月のある日、長島大尉は郷里の武雄《たけお》市から届いた軍事郵便を受け取った。そのなかには、妻香津子《かづこ》が生後４カ月の娘黎子《れいこ》を抱いた写真が入っていた。以後、長島大尉は、この写真を軍嚢《ぐんのう》にいれて持ち歩き、就寝前のひととき、密《ひそ》かにこれを眺めるのを常とした。

アメリカを想定した北千島の防衛態勢

昭和19年５月、日本軍はマリアナ諸島付近でアメリカ軍と戦った。日本軍は主力を海岸沿いに配置し、上陸してくるアメリカ軍を波打ち際《ぎわ》で撃破する水際《すいさい》作戦をとった。

しかし、アメリカ軍は、偵察機を使って日本軍の陣地を見つけ、その陣地に対して軍艦と飛行機による艦砲射撃と爆撃を加え壊滅的な打撃を与えたのちに、難なく将兵を上陸させた。そして、残存する日本将兵を掃討殲滅《そうとうせんめつ》した。

水際作戦をとって火力を海岸線付近に集中配備しても、敵に損害を与える前にこちらが甚大な被害を受け、その後の戦いを決定的に不利にしてしまう。

このような手痛い教訓に学んだ第91師団は、アメリカ軍を上陸地点で邀撃《ようげき》する水際撃滅作戦から、アメリカ軍を上陸させ、地理不案内の内陸に誘い込んだ上で攪乱《かくらん》攻撃する面《めん》式防御作戦（または縦深《じゅうしん》陣地作戦）に切り換えた。

第91師団は、アメリカ軍が上陸すると予想される占守島の竹田浜付近に沿岸拠点をつくった。竹田浜海岸を左右から挟むように位置する国端崎《こくたんざき》と竹田崎《たけだざき》・小泊崎《こどまりざき》に洞窟陣地をつくり、ここに速射砲、野砲、歩兵砲などを持つ歩兵小隊を配備した。上陸するアメリカ軍を水際で攻撃するためである。四嶺山《しれいざん》には歩兵大隊の本部をおき、そこから水際撃滅作戦の指揮を執らせることにした。

占守島に上陸してくるアメリカ軍は、上陸地点での日本軍の攻撃による損害を蒙《こうむ》りながらも、圧倒的に優位な火力と将兵の数にものをいわせて、さらに進攻するであろう。そのアメリカ軍が最後にぶつかるのは、日本軍の主陣地線である。

ここで日本軍は猛烈な攻撃を加える。あわせて、ゲリラ戦を戦って生き残っている日本将兵も、背後からアメリカ軍を攻撃する。竹田浜に上陸して20キロメートル進んだアメリカ軍は、補給線が長く延びている。弾薬と糧秣《りょうまつ》をたっぷり持つ日本軍は、ここで勝機を見いだす。これが、第91師団の面式防御作戦であった。

来嶋則和大佐の後任として昭和20年1月に着任した戦車第11連隊の連隊長池田末男《いけだすえお》大佐は、アメリカ軍の戦車に対して、速射砲と歩兵による攻撃と協同しながら戦う心づもりであった。

アメリカ軍戦車の防御力と戦車砲の破壊力は、日本軍戦車のそれに勝っていた。そのことをよく知っている池田連隊長は、戦車の車体を土壁の中に隠して攻撃し、敵に位置を覚られそうになると別の遮蔽物《しゃへいぶつ》の陰に移動して再び攻撃を加える作戦をとることにしていた。

対アメリカ戦を予想して千島列島の要塞化を進めていた第5方面軍（司令部は札幌にあり、司令官は樋口季一郎中将）は、占守島と幌筵島を中心に約4万3000の兵力を配備していた。

しかし、その兵力は昭和19年から20年にかけて、本土決戦や北海道防衛のために引き抜かれていき、最終的には約2万4500に減少した。昭和20年8月時点における占守島全域と幌筵島南部の兵力配備状況は、次のとおりであった。

陸軍（約2万3000名）
第91師団：師団長・堤不夾貴中将
師団司令部と歩兵第74旅団
：旅団長・佐藤政治少将
（5個大隊）～幌筵島
歩兵第73旅団：旅団長・杉野巌少将
（5個大隊）～千歳台
独立歩兵第282大隊～四嶺山
独立歩兵第283大隊～千歳台
戦車第11連隊（中戦車39輛、軽戦車25輛）
師団編合部隊～占守島
第1中隊：山田野
第2中隊：田沢台
第3中隊：天神山

第５方面軍司令官・樋口季一郎中将（左から２人目）、第91師団長・堤《つつみ》不《ふ》夾《さ》貴《き》中将（右から２人目）と師団関係者。戦車は97式中戦車改
（『「歴史群像」太平洋戦史シリーズ25　陸軍機甲部隊』学習研究社より）

第4中隊：大和橋
第5中隊：緑ヶ岡
第6中隊：基谷
第11対空無線隊
船舶工兵第57連隊残留隊（特大発動艇20隻）

海軍（約1500名）
司令官：伊藤春樹中佐
　占守通信隊
第51警備隊
第52警備隊
※航空部隊
陸軍飛行第54戦隊残留隊（一式戦闘機4機）
海軍北東航空隊北千島派遣隊（九七式艦上攻撃機4機）

占守島における日本軍の最終配備
（昭和20年8月15日頃）

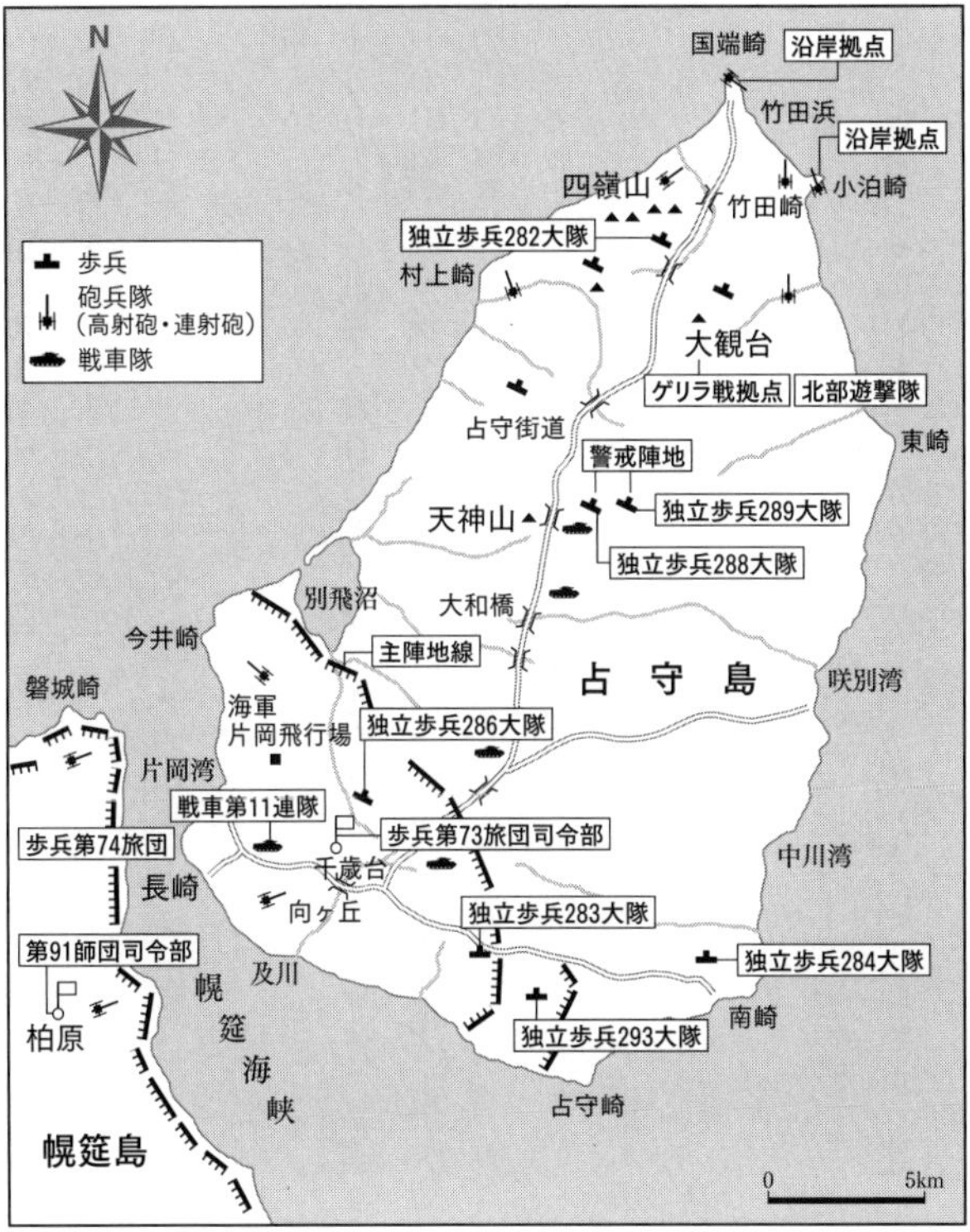

対日戦への参戦を狙うスターリンの意図

ここで時計の針を元に戻すことをお許しいただきたい。

第2次世界大戦が始まって5年目に入った昭和18年（1943）の7月から8月にかけて、ヨーロッパ東部戦線のクルクス（ウクライナ地方）において、ソ連軍とドイツ軍は激戦を展開した。

歩兵130万名、戦車3600輛、航空機2800機からなるソ連軍と、歩兵80万名、戦車3000輛、航空機2100機からなるドイツ軍による史上最大規模の戦闘は、ソ連軍の優勢裡《り》に終わった。

以後、ドイツ軍は戦いの全面で守勢にまわることになる。

他方、太平洋戦線でアメリカ軍を主力とする連合国軍と戦った日本軍は、アリューシャン列島・アッツ島の玉砕（5月）、ソロモン群島・ガダルカナル島の惨敗（10月）で敗勢に向かいつつあった。

こうした戦況のなかで、アメリカ大統領ルーズベルトは対日戦にソ連の参戦を求めることにした。昭和18年の10月19日から、アメリカのハル国務長官とソ連のモロトフ外務大臣は、モスクワで会談を行なった。

席上、ハル国務長官は、ソ連に千島列島と南樺太を引き渡す代価としてソ連の対日参戦を求めた。

会談最終日の10月30日、モロトフ外務大臣は、ソ連が対ドイツ戦に勝利した後に日本との戦争に参加するというスターリン首相の意向を伝えた。

同年11月22日、アメリカのルーズベルト大統領、イギリスのチャーチル首相、中国の蔣介石《しょうかいせき》総統はエジプトのカイロで会談し、12月1日、カイロ宣言を発表した。

カイロ宣言には、今次の戦争が日本国の侵略を制止し、日本国を罰するために行なわれたものであり、わが同盟国は自国のために何らの利得を欲求するつもりはなく、自国の領土拡張の意図も持っていないと明記されていた。そして戦争の具体的目標が次のように書かれていた。

①　第1次世界大戦後に日本が奪った太平洋諸島を剝奪《はくだつ》する
②　満州・台湾・澎湖《ぼうこ》諸島のように、日本が中国から盗み取った領土を中国に返還する

③　日本が暴力・貪欲《どんよく》により略取した一切の地域から、日本を駆逐する
④　日本の奴隷状態におかれている朝鮮に自由独立をもたらす

太平洋諸島、満州、台湾、澎湖諸島、朝鮮は、国際法に基づいて日本が支配統治権を得た地域や国である。当時の西洋諸国も日本の支配統治権を承認していた。

にもかかわらず、これを「日本が暴力・貪欲により略取した地域」と決めつけ、これらの地域や国を日本から解放してやるために、われわれは日本と戦っているのだと主張するルーズベルト・チャーチル・蔣介石の偽善と欺瞞。まさに国際社会の冷酷な現実ここにあり、である。


昭和20年（１９４５）2月の初め、ルーズベルト、チャーチル、スターリンはヤルタで秘密会談を行なった。

その結果、ソ連は、対ドイツ戦勝利の3カ月後、対日戦に加わることを条件に、極東で南樺太を取得すること、そして、千島列島のうちの北千島4島、すなわち占守島《しゅむしゅとう》、幌筵《ぽろむしる》島《とう》、温禰古丹島《おんねこたんとう》、捨子古丹島《しやすこたんとう》を保障占領地域とすることになった。また、残りの中千島と

南千島は、アメリカの占領地域と決められた。

5月7日、ヨーロッパで連合国軍と戦っていたドイツは、国土を破壊蹂躙《じゅうりん》され国家機能を完全に失い、無政府状態となって連合国軍に敗北した。

ヨーロッパ戦線でドイツとの戦いに全精力を傾注していたソ連軍に、兵力の余裕が生まれた。スターリンは、6月に入ると、極東における領土拡大を狙った対日戦の準備にとりかかった。

スターリンは、樺太や北千島の領有に留まらず、ヤルタ会談の合意を超えて、あわよくば千島列島のすべてと北海道までを占領しようと考えていた。

日本のポツダム宣言受諾

昭和20年7月26日、アメリカ、中国、イギリスの首脳はポツダムにおいて会談し、日本に対し11箇条からなる宣言を出した。ポツダム宣言である。後にソ連も加わり、この宣言を追認した。

国土を蹂躙され国家としての機能を完全に失ってしまったドイツと違い、当時の日本は議会と政府が機能していた。時の首相鈴木貫太郎《すずきかんたろう》は、軍隊の完全武装解除をはじめとする諸要求の盛り込まれたポツダム宣言を受諾するか否《いな》かについて協議するため、最高戦争指導会議を召集した。

最高戦争指導会議の構成員は、鈴木首相、米内光政《よないみつまさ》海軍大臣、阿南惟幾《あなみこれちか》陸軍大臣、東郷茂徳《とうごうしげのり》外務大臣、梅津美治郎《うめづよしじろう》陸軍参謀総長、豊田副武《とよたそえむ》軍令部総長の6名であった。

会議は、このポツダム宣言が国体（皇室）の護持を保証しているかどうか不明なため結論を出すに至らなかった。鈴木首相はポツダム宣言を無視することに決めた。

アメリカは、この「無視」を「拒否」と受け取った。8月6日の午前8時15分、広島市はアメリカ空軍による原爆攻撃を受けた。9日未明、満州は日ソ中立条約を破ったソ連軍による国際法違反の侵攻にさらされた。

同日午前11時2分、長崎市が原爆攻撃を受けるにおよんで、日本政府はポツダム宣言受諾の可否について早急に決断せざるを得なくなった。

同日の深夜から、天皇陛下ご臨席のもと御前会議が開かれた。出席者は最高戦争指導会議のメンバーのほか、鈴木首相の計らいにより平沼騏一郎《ひらぬまきいちろう》枢密院議長が加わっていた。

この会議の経緯については、すでにさまざまな書物で述べられているとおりである。最終的に鈴木貫太郎首相が「ご聖断」を仰ぎ、天皇は終戦を決断された。

8月14日午後11時、帝国議会承認のもと、終戦の詔書《しようしよ》が発布された。同時に、在スイス加瀬俊一《かせしゆんいち》公使に対してポツダム宣言受諾の旨を連合国に通告するようにとの訓令が発せられた。

8月15日の正午、天皇陛下は、ラジオ放送を通して終戦の詔書を国民にご発表になった。

なぜスターリンは、終戦後も攻撃をやめなかったのか

スターリンは、当初、8月20日から25日にかけて対日参戦をする予定であった。しかし、アメリカが8月6日に広島へ原爆投下したことで終戦が早まるとみて、急遽《きゆうきよ》参戦を繰り上げることにした。

昭和20年8月8日、佐藤尚武《なおたけ》駐ソ大使は、ソ連のモロトフ外相から宣戦布告書を受け取った。しかし、ソ連側の妨害により、ソ連の宣戦布告は佐藤大使から日本政府へ伝えられ

なかった。

8月9日午前0時、ソ連軍は北満州、朝鮮北部および樺太《からふと》への進攻を開始した。日本政府と大本営は、ソ連軍の満州方面への侵入を、タス通信の傍受によって知った。

8月9日午前4時、大本営は、関東軍と支那派遣軍と第5方面軍（北海道・南樺太・千島列島を作戦地域とする）に、「国境方面所在兵力ヲ以《もっ》テ敵ノ進攻ヲ破摧《はさい》シツツ速《すみやか》ニ全面的対ソ作戦ノ発動ヲ準備スヘシ」と下令した。

ソ連参戦の報せは、北千島にも伝わってきた。北東航空隊長の喜多和平《きたわへい》海軍大尉は、手記に書いている。


——ソ連まで敵とする。戦局は極度に重大化したが、北千島にはかつてない活気をもたらした。占守島が対ソ戦の前戦基地になったのである。戦争の表街道に躍《おど》り出たのだ——

8月12日、第5方面軍司令官樋口季一郎中将は、麾下《きか》の全軍に「宿敵蘇《そ》軍遂ニ我ニ向ツテ立ツ（中略）断乎仇敵《きゅうてき》ヲ殲滅《せんめつ》シ以《もっ》テ宸襟《しんきん》ヲ安ンジ奉《たてまつ》ランコトヲ期スヘシ」との訓示を出した。

スターリンは、天皇陛下のポツダム宣言受諾の玉音放送から3時間後の8月15日午後3時、極東ソ連軍総司令官アレクサンドル・ワシレフスキー元帥にクリル諸島（千島列島）奪取命令を下した。

スターリンは、ポツダム宣言を受諾して終戦した日本を引き続き攻撃する理由を、16日の『プラウダ（共産党機関紙）』に発表させた。

「天皇が行なった降伏の発表は単なる宣言に過ぎない。日本軍による軍事行動停止命令は出されていない。天皇が軍事行動停止を命じ、日本軍が武器を置いた時にのみ降伏とみなされる。したがって極東のソ連軍は対日攻撃作戦を続行する」

同じ16日に、スターリンは、ルーズベルト大統領急死（4月12日）の後を引き継いで大統領となったトルーマンに親展電報を送り、クリル諸島のすべてと北海道の北東半分すな

スターリン、北海道北半分を要求

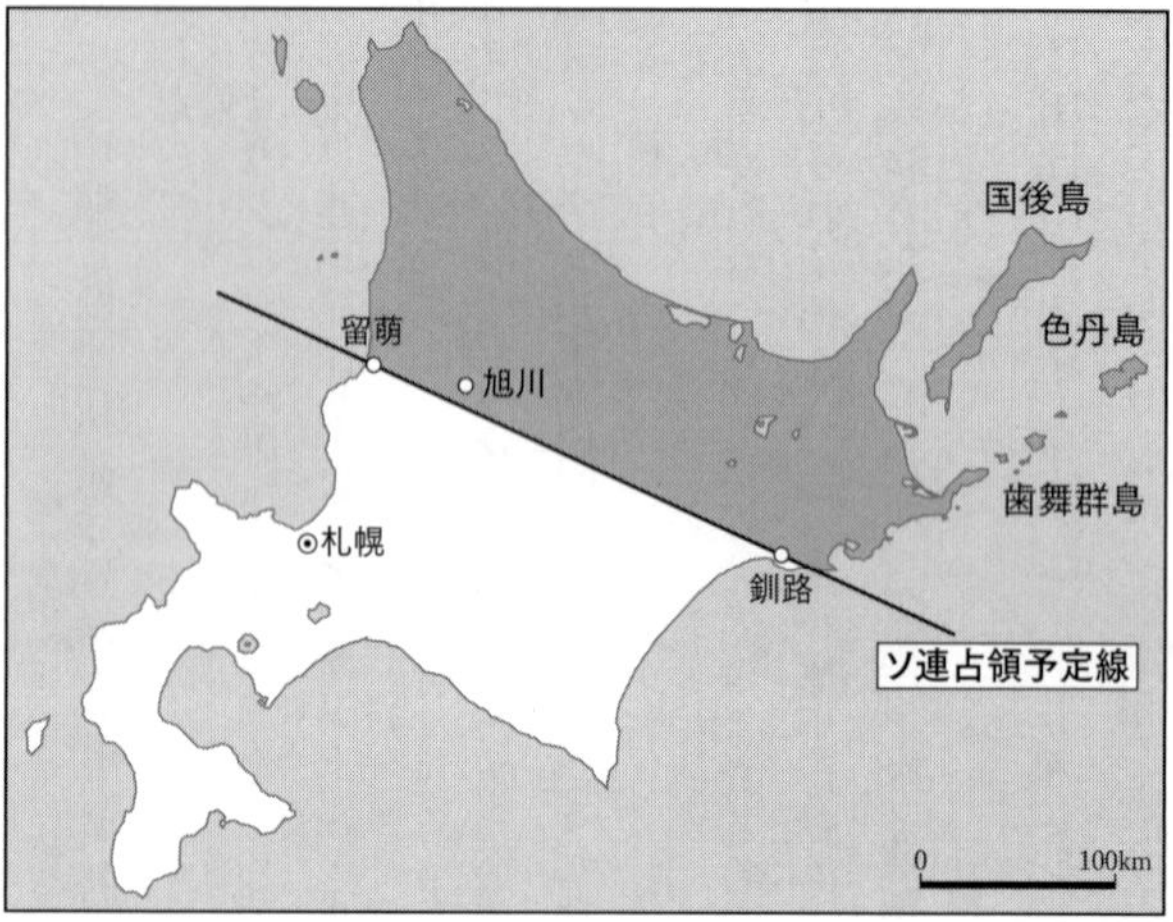

わち釧路《くしろ》と留萌《るもい》を結ぶ線から東側をソ連が占領することを認めるよう要求した。その理由としてスターリンは次のように述べている。

——日本は1919年から21年にかけてソ連の全極東を占領した（著者註：シベリア出兵）。もしソ連軍が日本固有の領土の一部に占領区域を持てないならば、ソ連はひどく侮辱されたことになる——

かつて日本は、わが領土シベリアに侵攻した。その報復をするために、千島列島のすべてと北海道の半分を占領する権利がある、とスターリンは述べているのである。

その上、スターリンは、東京にもソ連軍の保障占領を認めよと要求した。

翌17日、トルーマンからスターリンに送られてきた返電は、ソ連軍のクリル諸島の占領は認めていたが、ソ連軍の北海道占領と東京駐留は拒否していた。

第3章　ソ連軍、占守島に侵攻す

ソ連軍による北千島奪取作戦の全貌

8月16日の夜、極東ソ連軍総司令官アレクサンドル・ワシレフスキー元帥は、太平洋艦隊司令官ユマシェフ海軍大将と第2極東方面軍司令官プルカエフ上級大将に、カムチャツカの現有兵力をもって千島列島上陸作戦の準備と実施を行なうよう命じた。

それを承《う》けた第2極東方面軍の軍事評議会が発した命令は「占守島《しゅむしゅとう》および幌筵島《ぼろむしるとう》、次いで温禰《おんね》古丹島《こたんとう》に上陸作戦を行ない、8月25日までにクリル諸島のうちの北部諸島（占守島、幌筵島、温禰古丹島、春牟《はりむ》古丹島、捨子《しやす》古丹島）を占領せよ」であった。

カムチャツカ防衛区司令官グネチコ少将とペトロパヴフスク海軍根拠地隊指揮官ポノマリョフ大佐は、急遽《きゅうきょ》具体的な作戦計画を立てた。

ロパトカ岬の沿岸砲と空軍の援護攻撃を背景に、先遣隊《せんけんたい》が占守島の竹田浜《たけだはま》に奇襲上陸する。先遣隊は海岸沿いに防塁（橋頭堡《きょうとうほ》）を1時間で構築する。防塁の構築完了とともに上陸する第1梯隊《ていたい》を、先遣隊は援護する。竹田浜にある日本軍の防御陣地を潰《つぶ》したソ連軍は、島の中央道を西端の片岡《かたおか》まで進撃する。

第2梯隊は、占守島の別飛沼《べっとびぬま》地区に上陸し片岡に進撃する。占守島の日本軍の抵抗が少ないときは、第2梯隊は日本軍の師団司令部のある幌筵島の柏原《かしわばら》を攻撃占領する。グネチコ司令官は、これら一連の作戦行動を、竹田浜上陸の翌日までには完了するつもりであった。

上陸作戦全体の指揮を執《と》るのはグネチコ少将、兵員上陸までの指揮はポノマリョフ海軍大佐、上陸してからの指揮はジャーコフ少将が執ることになった。

上陸部隊（兵員８８００名）が次のように編成された。

先遣隊　海軍歩兵１個大隊

第１梯隊　第１３８狙撃連隊
砲兵２個大隊
対戦車砲１個大隊

第２梯隊　第３７３狙撃連隊第２大隊

同機関銃中隊
海軍歩兵中隊
梯隊主力
第３７３狙撃連隊主力
砲兵連隊・狙撃兵（歩兵）２個連隊
陽動上陸部隊
第３７８狙撃連隊の２個中隊
艦艇
（合計54隻）
哨戒艦２隻　掃海艇４隻　機雷敷設艦１隻
補給整備艦１隻　輸送船14隻
上陸用舟艇16隻　哨戒艇８隻　その他
航空機　42機

軍港ペトロパヴロフスクに碇泊する艦船への兵器糧秣《りょうまつ》の積み込みと兵員の乗船は、17

第5方面軍各部隊の守備範囲とソ連軍の占守島侵攻
（昭和20年8月18日）

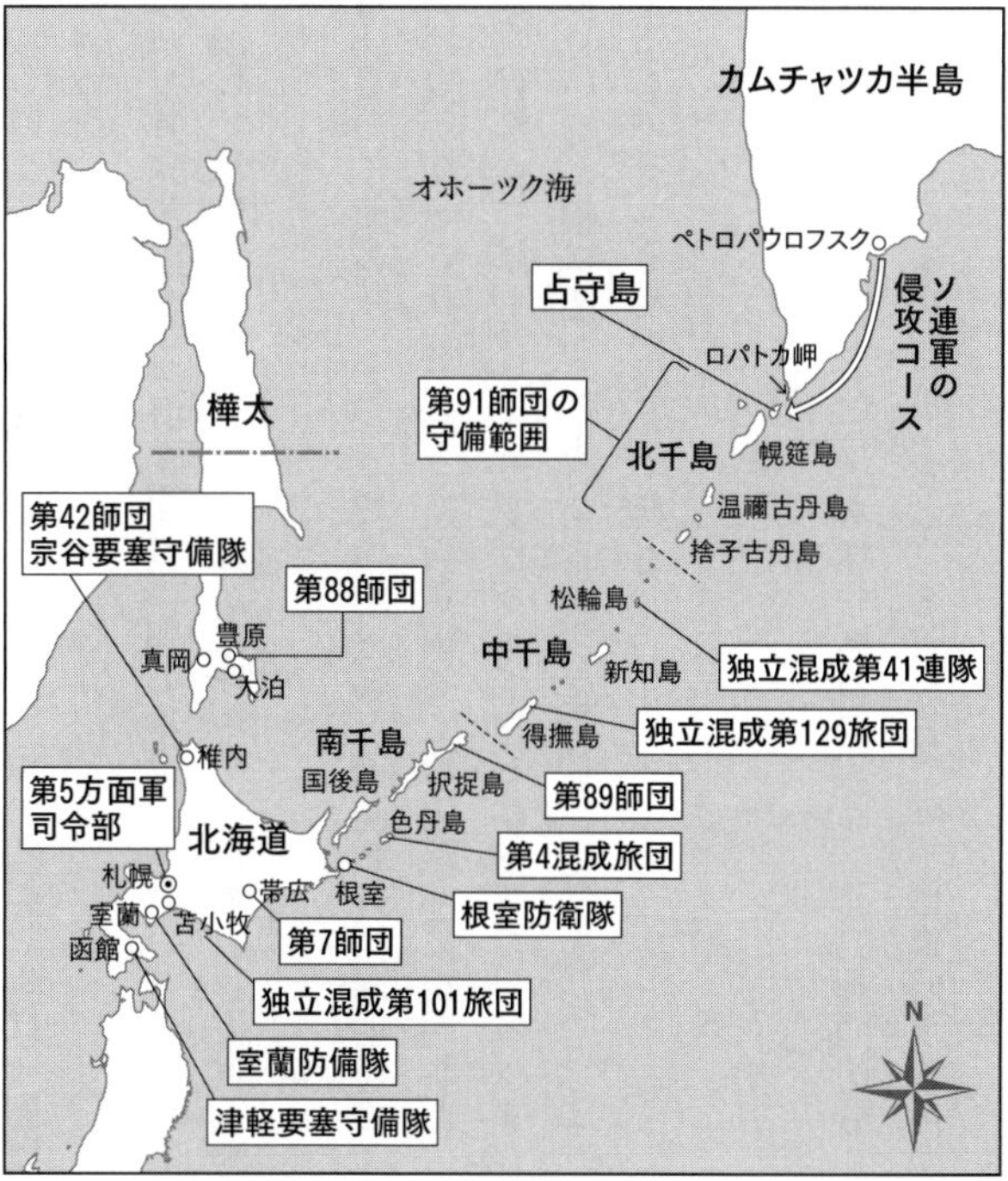

日の午後5時に完了した。間を置かず、ソ連軍の艦船54隻は、濃霧のなか占守島を目指し南下を始めた。

すでにソ連軍将兵は、「我が軍は満州の奉天、南サハリン（南樺太）を占領せり」との報せに接しており、自分たちがこれから採ろうとしている作戦行動の成功を信じて疑わなかった。

8月18日の午前2時ごろ、2隻の駆逐艦と海防艦の援護射撃のもと、6000トン級の輸送船14隻が約8800名のソ連兵を乗せて竹田浜沖に現われた。

ソ連兵のなかには、スターリングラードやベルリンでドイツ軍と戦った精強のつわものも数多くいた。輸送船から上陸用舟艇に乗り移ったソ連兵は、「ヤポンスキー（日本兵）なにするものぞ」と勢い込んでいた。

北の辺土《へんど》で聴く終戦の聖旨《せいし》

「8月15日の正午に、重大放送あり」との情報は、第91師団司令部から各大隊に電話で事前に入っていた。また将兵たちは、8月12日に阿南惟幾《あなみこれちか》陸軍大臣が「軍は草の根を齧《かじ》っても戦争を継続し皇土を守り抜くべし」と、全陸軍に指示したことも知っていた。

第91師団長の堤不夾貴《つつみふさき》中将は、「重大放送あり」の情報が入ったときの思いを、その手記に書いている。

——重大放送！　大詔渙発《たいしょうかんぱつ》！　例外なく誰しも、陛下におかせられては愈々《いよいよ》最後の断を下され、挙国民《きょこくみん》に対し国家と民族の運命を来るべき日本最後の決戦に託すべく、督戦《とくせん》激励の御言葉を賜《たま》はる事と、予想して居たのであり、真に厳粛緊張の裡《うち》に、聖旨《せいし》を拝聴したのである——

しかし、予想に反して重大放送は、陛下が国民に終戦をお告げになる放送であった。堤師団長は、「事の余りにも意外なるため、感極《きわ》まつて言ふところを知らず」と述べている。

戦車第11連隊本部のある岩木台《いわきだい》では、池田末男《いけだすえお》連隊長が「陛下の督戦激励のお言葉を拝する」つもりで15日正午の聖旨を厳粛な気持ちで待っていた。

しかし、連隊の無線機では本土からの放送を受信することができなかった。焦慮のうちにすごす池田連隊長のもとに師団司令部から終戦の聖旨が電話伝達されたのは、同日の夜であった。

師団司令部からの電話の内容を書き留めた文書を通信係の吉田重行《よしだしげゆき》中尉が、連隊長の執務室へ急ぎ足で持ってきた。文書を受け取った池田連隊長は、直立不動の姿勢をとって一読し、しばらく黙然《もくねん》としていた。終戦の聖旨が戦車連隊本部から各中隊に電話で伝達され終わったのは、16日の未明であった。

16日の朝、池田連隊長は本部の全将兵を召集し、終戦の聖旨を伝えるとともに、今後の行動については別途指示すると述べた。

陛下の激励のお言葉を承《う》けて皇国のためにいざ戦わんとの赤心《せきしん》に燃えていた将兵たちは、失望落胆した。

占守島の各地に分散配置している戦車中隊の各隊長が、連隊長の指示命令を部下の将兵に伝達すると、多くの将兵たちは悲憤の涙を流したという。

16日午前10時、堤《つつみ》師団長の召集命令を受けた部隊長会同が師団司令部の作戦室において開かれた。

師団司令部と別棟になった作戦室に集まったのは、第73旅団長の杉野巌《すぎのいわお》少将、歩兵第74旅団長の佐藤政治《さとうまさはる》少将、戦車第11連隊長の池田末男大佐、第1砲兵隊長の加瀬谷陸男《かせやりくお》中佐、第2砲兵隊長の坂口元男《さかぐちもとお》中佐、独立歩兵第282大隊長の村上則重《むらかみのりしげ》少佐、独立歩兵第283大隊長の竹下三代二《たけしたみよじ》少佐、独立歩兵第284大隊長の野口谷五郎《のぐちたにごろう》少佐、第5高射砲隊長の鈴木村次《すずきむらつぐ》大佐、工兵隊長の小針通《こばりとおる》少佐、独立陸海軍混成隼《はやぶさ》飛行部隊司令の伊藤《いとう》春樹《はるき》海軍中佐たち40余名に加えて日魯《にちろ》漁業関係者であった。

作戦室は、屋根を土で覆われた半ば地下室になっていて、外部の雑音が入らない。室内は異様な静けさに包まれていた。

その場にいた長島厚大尉は、そのときの様子をこう語っている。

作戦室に入ってきて着席した部隊長たちは、わが国がポツダム宣言を受諾したことをすでに知っていましたから、堤師団長が、第91師団全体にこれからどのような指示と命令を出すのかと、一様に緊張した面持《おもも》ちでした。

占守島の守備についている杉野巌少将は、大きな体をすくめるようにして座っていました。

幌筵島の守備についている佐藤政治少将は、キスカ島でアメリカ軍と戦い、隙をついて撤退してこられた猛者《もさ》ですが、憮然《ぶぜん》とした顔をしていました。アッツを守備して玉砕した僚友山崎保代《やまざきやすよ》大佐のことを思い、複雑な心境だったろうと思います。

そのなかにあって、悠揚迫《ゆうようせま》らぬ態度で椅子に深々と座っておられた池田末男大佐が、印象に残っています。

師団司令部からは、堤師団長のほかに柳岡武《やなぎおかたけし》参謀長と水津満《すいづみつる》少佐たちが出席していました。

全軍を統率する心労のためであろうか、少し窶《やつ》れた顔の第91師団長堤《つつみ》中将は、部隊長たちに我が国がポツダム宣言を受諾して停戦した旨を伝えるとともに、第5方面軍司令官樋口《ひぐち》中将の「一切の戦闘行動の停止、ただしやむを得ない自衛行動は妨げず、その完全徹底の時期を18日16時とする」との命令を下達《かたつ》した。

同時に、堤師団長は兵器の処分や各部隊の統制維持についての指示を与えた。また、占守島北部守備の任についている村上則重大隊長には「米軍が上陸する可能性があるから軽《けい》挙妄動《きよもうどう》せず、爾後《じご》の命令に従い行動せよ」と指示命令した。

戦闘行為の停止命令を受けた各部隊長は、それぞれの持ち場に戻り、我が国はポツダム宣言を受諾し全軍が戦闘行為を停止することになった旨を部下に伝えた。休むことなく行なわれていた陣地構築作業や戦闘訓練は中止となった。

占守島の田沢台《たざわだい》に布陣している戦車第2中隊第1小隊（戦車3輛）の篠田民雄《しのだたみお》中尉は、停戦の報せに接して、衝撃の余り全身の力が抜けるのを感じた、と手記に書いている。篠田中尉は、杜甫《とほ》の詩「国破れて山河あり」を思い出したという。

戦車連隊本部と各隊は、機密書類の焼却、兵器弾薬の処分作業を直ちに開始した。

将兵たちは、戦車から戦車砲や無線機をはずした。弾薬の信管《しんかん》を抜いた。燃料の入っているドラム缶を地下陣地に埋めた。小銃の紋章を削り取った。数日後には、戦車は海中に投棄し、無線機や戦車砲は爆破処分する予定であった。

日没時を迎えると、各部隊は久しぶりに白米の食事をとった。食後にはキャラメルや酒が配られた。将兵たちは中隊ごとに集まって酒盛りをした。

天神山《てんじんやま》の洞窟陣地にいた戦車第3中隊第3小隊（戦車4輛）では、小隊長の内田弘《うちだひろし》見習士官と、少年兵（16、17歳）をふくむ30数名の将兵たちが、午前0時すぎまで故郷の話に花を咲かせた。

臨戦状態の緊張に耐えきれず精神状態がおかしくなっていた兵士もいたといわれる状況から、将兵たちは思いがけなく解放された。将兵たちは、郷里の山河を思い描き、親兄弟に再会できる喜びに浸った。

この夜は珍しく霧が出ておらず、夜空に無数の星がきらめいていた。

謎の砲撃と国籍不明の大艦隊

8月18日午前1時30分すぎ、占守島の竹田浜に向けて砲弾が150発ほど連続して撃ち込まれた。カムチャツカ半島南端にあるロパトカ砲台の12センチカノン砲からのものであった。

この連続砲撃を、竹田浜の北にある国端崎《こくたんざき》監視哨《しょう》にいる守備隊長片桐茂《かたぎりしげる》中尉は、独立歩兵第282大隊本部（男体山《なんたいさん》南斜面）陣地の大隊長村上則重《むらかみのりしげ》少佐に電話報告した。村上大隊長は、直ちに幌筵島の師団司令部に報告した。

報告を受けた師団司令部は、この砲撃を無視することにした。こうしたソ連軍の砲撃はこれまでにも何度かあったので「また、やっている」程度の認識しかなかったのである。

2時、再び国端崎監視哨から村上大隊長に、「海上にエンジン音多数」との報告が入った。

村上大隊長は、前日、師団長から受けた指示「軽挙妄動《けいきよもうどう》せず、米軍の軍使が来たら、直ちに連絡せよ」を思い出した。

しかし、〈軍使が夜中に来るはずがない〉と判断し、各部隊に戦闘配置命令を出した。同時に、国端崎監視哨と小泊崎《こどまりざき》監視哨に「要警戒」の連絡を入れた。続いて師団司令部にその旨を報告した。

2時15分、国端崎監視哨から、

「竹田浜沖に、輸送船らしきもの発見」

「上陸用舟艇《しゅうてい》発見」

「敵、上陸開始、兵力数千人」

との報告が連続的に村上大隊本部に入ってきた。

村上大隊長は、これを師団司令部に報告するとともに、配下の各部隊に射撃開始命令を発した。続いて、千歳台《ちとせだい》の第73旅団司令部の杉野《すぎの》巌《いわお》少将に連絡した。

「敵は本朝未明《みめい》、艦砲射撃の支援のもと、竹田浜一帯に上陸を開始せり。目下激戦中なるも、国籍は不明」

2時30分、堤師団長は、占守島の主陣地を守る第73旅団の旅団長杉野巌少将に、

「大観台《だいかんだい》に司令部を移し、兵力を結集して該敵《がいてき》を撃滅せよ」との命令を下した。また、戦車第11連隊長池田末男《いけだすえお》大佐に、

「国端崎方面に急進し敵を撃滅せよ」

と命令した。堤師団長は、幌筵島を守備している歩兵第74旅団の一部を割《さ》いて占守島に進出させることにした。

終戦処理を開始していた将兵たちは、自衛のための戦闘に敢然と立ちあがった。

上陸する敵軍、迎え撃つ日本軍

竹田浜に上陸しようとしたソ連軍先遣隊の将兵たちは、上陸する前に思いがけない障害にぶつかった。ソ連兵の乗った上陸用舟艇《しゅうてい》が、重すぎる積載量のために、海岸線の150メートルから200メートル沖合で座礁《ざしょう》したのである。船腹《せんぷく》の足りなかったソ連軍が、大砲など重量のある兵器を積めるだけ積み込んでいたことが裏目に出た。

重装備のソ連兵は、座礁した上陸用舟艇から海に飛び込み、海岸まで泳ぐことを余儀なくされた。大砲は上陸用舟艇のなかに置き去りにしなければならなかった。陸揚《あ》げできたのは45ミリ火砲４門のみであった。

装備していた無線機は海水に浸《つ》かったため、上陸後の作戦指揮や部隊の連絡に使用することができなくなった。

唯一使用することができたのは、古参のムソーリン水兵が持っていた無線機のみであった。海中を立ち泳ぎしながら海岸に辿り着いたムソーリン水兵は、後にこう述べている。

無線機に水は禁物《きんもつ》なので、私は無線機を自分の頭の上に乗せ、海岸に向かって泳いだ。肺のなかの空気は長くはもたなかった。眩暈《めまい》がし、耳鳴りがした。海底を蹴り浮き上がって泳ぎたかった。しかし、何があろうと自分の無線機を濡《ぬ》らすまいと思った。短い時間であったが、永遠のように思われた（『千島占領 一九四五年 夏』ボリス・スラヴィンスキー）。

竹田浜に上陸しつつあるソ連軍を迎え撃ったのは、四嶺山《しれいざん》の東から竹田浜にかけて展開している独立歩兵第282大隊（村上大隊）の約800名であった。大隊本部は、四嶺山の一つである男体山の南側斜面に構築した洞窟陣地に置かれていた。

村上則重大隊長からの命令を受けて、まず攻撃を始めたのは、竹田浜の北と南に位置する国端崎と竹田崎・小泊崎の要塞に立てこもる各1個小隊100余名の将兵であった。国端崎要塞の野砲1門・特殊臼砲《きゆうほう》1門・速射砲1門と、小泊崎要塞の特殊臼砲1門・速射砲1門は、なかば霧にかすむ竹田浜にうごめく艦船、浜辺を目指す上陸用舟艇、上陸に難渋している敵兵に向けて火蓋《ひぶた》を切った。

両要塞の将兵たちは、日頃から「竹田浜から上陸してくるアメリカ軍」を想定した射撃

ソ連軍、占守島に侵攻開始
（8月18日午前2時）

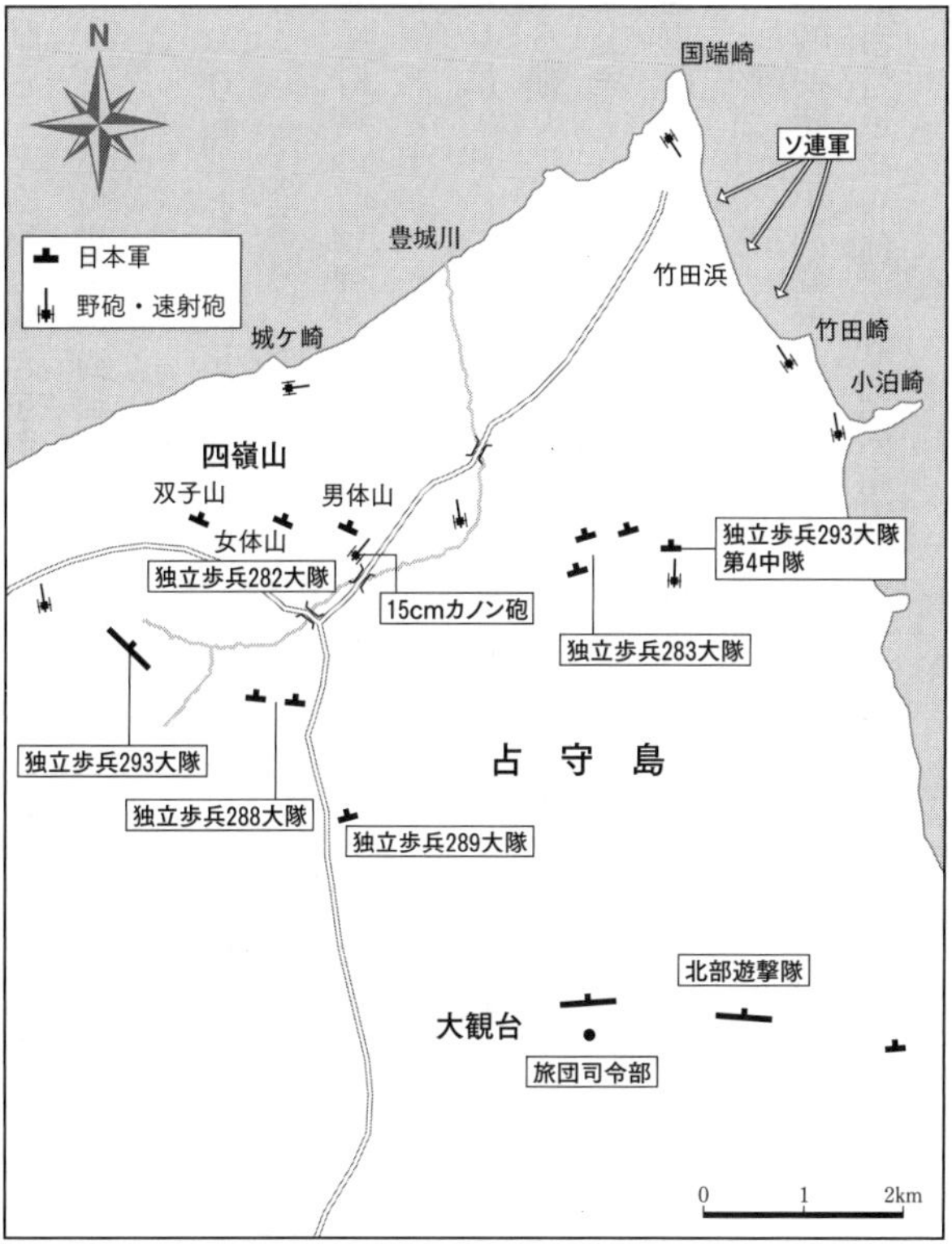

訓練に励み、その腕に磨きをかけていた。通常、野砲の発射速度は1分間に6発から8発であるが、国端崎要塞の野砲の発射速度は、訓練と工夫を重ねることによって12発に向上していた。

たっぷり備蓄されている砲弾を使った将兵たちは、野砲・臼砲・速射砲を絶え間なく轟《とどろ》かせた。連続発射により焼けてくる砲身に水をかけて冷やしながら。

日本軍野砲の直撃弾を受けたソ連軍の輸送船は、積んであった弾丸の誘発を起こし轟音《ごうおん》とともに燃え上がった。

ソ連兵は、泳いでいる途中で、また上陸した砂浜で、国端崎要塞や小泊崎要塞から飛来してくる弾丸により死傷した。ソ連軍の指揮艦も被弾した。そのため、指揮官ジャーコフ少将は上陸することができなかった。

ソ連軍は先遣隊《せんけんたい》に引き続き、狙撃連隊第2大隊を主力とする第1梯隊《ていたい》を、日本軍の砲撃のなか上陸させてきた。

国端崎要塞と小泊崎要塞の砲撃に少し遅れて、竹田浜から5キロメートルほど南に下った大観台《だいかんだい》付近に布陣する北部遊撃隊（村上大隊の一部）の砲兵隊が、砲身を水平にした高射砲と速射砲から、敵軍の群れに砲弾を撃ち込みはじめた。

前と左右の三方から飛来してくる日本軍の野砲・臼砲・速射砲の砲弾を浴びながら、ソ連軍の先遣隊と第1梯隊は、四嶺山方面を目指した。見晴らしの利く四嶺山を確保して戦いの主導権を握るためであった。

第1梯隊の後から上陸した第３７３狙撃連隊第2大隊を主力とする第2梯隊は、訓練台《くんれんだい》方面に向かった。南下して日本軍の主力陣地を攻撃し占領するためである。

占守島最深部の千歳台《ちとせだい》にある第73旅団司令部の旅団長杉野巌少将は、師団司令部の命令を受けると、直ちに訓練台の南に位置する大観台《だいかんだい》に司令部を移した。

大観台に入った杉野少将は、占守島東側の沼尻《ぬまじり》から中川《なかがわ》湾にかけて守備する竹下大隊（独立歩兵第２８３大隊）に対して、敵艦船侵入の恐れのある咲別《さきべつ》湾と中川湾への警戒防備をさせるとともに、大隊本部と第2、第４中隊は戦闘地域の訓練台《くんれんだい》方面へ、第3中隊は戦車隊とともに四嶺山方面へ向かうよう命令した。

さらに杉野少将は、占守島の東南を守備している野口大隊（独立歩兵第２８４大隊）の一部を天神山方面へ、他の一部を大観台方面へ、数田《かずた》大隊（独立歩兵第２９３大隊）を四嶺山方面へ、幌筵島の橋口《はしぐち》大隊を天神山西側の守備に向かわせた。

ロパトカ砲台を沈黙させた日本軍砲兵隊

第2砲兵隊第1中隊（将兵200余名）の三浦左武郎《みうらさぶろう》中隊長は、四嶺山（男体山）南側の山腹に、10センチカノン砲の砲座を持つ洞窟陣地を守っていた。

この陣地は広範囲にわたって偵察や射撃のできる絶好の場所にあり、かつ竹田浜方面からその所在が分かりにくいという利点があった。しかも近くには村上大隊の本部陣地があり、連絡を取りやすかった。

三浦中隊の将兵たちは、終戦の詔書が発せられた翌日の8月16日に、10センチカノン砲の重い弾丸を麓の豊城川《とよしろがわ》のほとりに運搬し集積を終えていた。

17日には、射撃諸元表《しょげんひょう》（標的までの距離、風速、気温、湿度などから標的に砲弾を命中させる砲身の発射角度を割り出す表）や機密書類を焼却処分した。

その後、四嶺山（男体山）の裾野《すその》に陣地を持つ第2砲兵隊第5中隊（吉武《よしたけ》中隊）に合流し、夕食時には将兵みんなで久しぶりの酒と甘味品を味わいつつ歓談したのち床についた。

微睡《まどろ》む間《ま》もなく、将兵たちは、遠方に轟《とどろ》く砲声を聞いて目を覚ました。村上大隊本部からの電話により、ロパトカ岬にあるソ連軍の長距離砲が小泊崎沖に座礁しているソ連タンカーに対して試射を行なっていることを知った。これまでにも何度かあったことなので、「またか」とみんなが思った。

しかし、それから少しして、再び、村上大隊本部から電話があり、「敵、竹田浜に上陸中。直ちに戦闘配置につけ」という緊急命令が入った。

三浦中隊長は、部下たちに、

「決して慌《あわ》てるな。平素《へいそ》教えられたとおり行動せよ」

と指示し、山腹にある洞窟陣地に向かった。三浦中隊長の後に続く将兵たちは、敵軍の打ち上げる照明弾の明かりで照らし出される足元を確かめ、竹田浜方面から響いてくる砲声や弾《はじ》ける機関銃音を聞きながら小径《こみち》を急いだ。

洞窟陣地についた将兵たちは、終戦を迎え完成目前で中止していた砲口《ほうこう》前の射界《しやかい》を開くために山肌を削り取る作業にとりかかった。

その一方で、豊城川のほとりに降ろしてしまった10センチカノン砲の弾丸を運び上げる作業を行なった。

竹田浜に大砲を陸揚《あ》げできなかったソ連軍の指揮官は、ロパトカ岬のソ連軍陣地に無線で連絡をとり、長距離砲の援護射撃を要請した。要請に応じて、午前3時ごろから、ロパトカ岬に据えられている長距離砲4門が、四嶺山方面に向けて砲撃を始めた。

これに応射したのは、第2砲兵隊第5中隊（吉武中隊）の15センチカノン砲であった。吉武中隊は、占守島北端から海峡を挟んで12キロメートル先にあるロパトカ岬の長距離砲の位置に焦点を当てた射撃諸元表《しょげんひょう》を処分してしまっていた。

しかし、幸いなことに、砲兵将校の一人が射撃諸元表の数字を写したメモを持っていた。そのメモに基づく正確な砲撃を集中した15センチカノン砲は、20分ほどでロパトカ岬の長距離砲のすべてを沈黙させた。

三浦中隊の将兵たちが10センチカノン砲の砲口前の射界開鑿《かいさく》作業をしているときに、突然、左手から地軸を揺るがす轟音を聞いた。吉武中隊の15センチカノン砲の砲撃音だった。将兵たちは、一瞬、血が逆流するような昂奮と頼もしさを覚えた。そして、われらも早く砲撃態勢に入ろうと作業の手を早めた。

午前４時ごろ、三浦中隊は10センチカノン砲の射撃準備を完了した。すでに夜のとばりは明けていたが、霧は深く垂れ込めており、視界はよくなかった。

霧のはるか彼方の竹田浜方面から交戦中と思われる銃砲声が断続的に聞こえていた。将兵たちは一撃を加えたいと逸《はや》る心を抑え、霧が晴れて敵味方の位置確認のできるのを待った。

洞窟陣地に肉迫する敵兵

四嶺山（男体山）南側の山腹で10センチカノン砲の砲座を持つ洞窟陣地を守っていた三浦中隊の無線電話が鳴った。敵軍が男体山東側斜面にまで進出していることを伝える村上大隊本部からの電話であった。

〈もうここまでやってきたのか〉と三浦中隊長が思っていると、突然、頭上から数十発の小銃弾が飛んできた。見上げると、山頂の稜線《りようせん》付近にマンドリン銃を抱いて、こちらに銃口を向けている敵兵の姿が見えた。三浦中隊の将兵は、すかさず応射した。敵兵は慌《あわ》てて稜線の向こう側へ姿を隠した。

　竹田浜方面を偵察していた三浦中隊の観測班員が、霧の途切れた瞬間、右手の訓練台付近で敵の密集部隊が移動しているのを発見した。敵軍は分散隊形をとり、ハンノキやハイマツのあいだを縫《ぬ》うようにして大観台方面に向かっていた。彼我《ひが》の距離はおよそ2キロメートルあった。

　格好の標的を見つけた三浦中隊の将兵たちは、〈いよいよわれわれの出番が来た〉と小躍《こおど》りした。三浦中隊長の「発射」の号令とともに撃ち出された10センチカノン砲の第1弾は、敵軍のなかで爆発した。

　10センチカノン砲の連続発射を受けた敵兵は、右往左往しながら遮蔽物《しやへいぶつ》を求めて逃げ散った。ソ連軍が展開しているあたりには、村上大隊がつくっておいた円形壕《ごう》が数カ所あった。身を隠すのによい所とみたのであろう、ソ連兵たちは先を争ってこの円形壕に飛び込んだ。

　その様子を双眼鏡で眺めていた三浦中隊長は、砲手に方角と距離をしっかり測定させ、一発必中の一弾を発射させた。砲弾は見事に円形壕に命中し、壕内の敵兵を全滅させた。

意気あがる三浦中隊の将兵たちは、次々と敵兵を捕捉し砲弾を浴びせた。

午前10時すぎ、三浦中隊の洞窟陣地の前で、突然凄《すさ》まじい爆発音がし、猛烈な爆風が陣地内に吹き込んできた。三浦中隊長の隣りで照準鏡を操作していた砲手の塚本四郎《つかもとしろう》兵長が、のけぞり倒れた。炸裂した砲弾の破片が塚本兵長の右胸部に突き刺さり、鮮血が迸《ほとばし》り出た。

「塚本、しっかりしろ！」

と叫んで三浦中隊長は、塚本兵長を抱き起こそうとした。続いて撃ち込まれた敵の砲弾の破片が三浦中隊長の左下腹部をえぐり、三浦中隊長は塚本兵長を抱いたまま倒れた。

気力を振り絞って半身《はんしん》を起こした三浦中隊長は、みずからの手で槍の穂先に似た破片を腹から引き抜き、傷口に手拭《てぬぐい》を押し込んだ。傷口から流れ出る血により貧血状態になった三浦中隊長は、寒さで体をぶるぶる震わせながら横たわった。

負傷者が出たのを知った衛生兵が駆けつけてきた。衛生兵はカンフル剤を注射し応急処置をとった。三浦中隊長の震えは止まった。三浦中隊長は、再び体を起こし、地面に腰を下ろした姿勢で戦闘の指揮を執った。

四嶺山の東から北にかけて展開している敵兵の一部が男体山の山頂付近に現われ、村上大隊本部陣地を盛んに攻撃しはじめた。敵兵は火炎放射器を用いているらしく、火勢の強い炎と煙が見えた。

〈この兵器を潰《つぶ》さねば本部陣地が危ない〉と思った三浦中隊長は、残り少なくなっている砲弾のすべてをこの標的目がけて撃ち込んだ。複数の砲弾が命中し、火炎放射器の炎は上がらなくなった。

敵兵は、三浦中隊の洞窟陣地のほうにも肉薄してきた。匍匐《ほふく》しながら近づいてくる敵兵の姿が2、30メートル先に現われた。三浦中隊の将兵たちは、小銃で応戦した。

大砲を撃つのは得手《えて》であっても小銃射撃には不慣れな砲兵ではあったが、遮蔽物のない中を大きな図体で近づいてくる敵兵によく命中した。もはや肉弾戦かと思ったとき、濃い霧があたりを蔽《おお》うように出てきた。敵兵は退《しりぞ》いた。三浦中隊は窮地を脱した。

向井分隊長の壮絶な最期

独立歩兵第282大隊第2中隊（玉村《たまむら》中隊・将兵200余名）は、大観台付近に布陣していた。18日未明、第2中隊の将兵たちは、深夜の静寂を破って砲声が轟《とどろ》くのを耳にして飛び起きた。

「起床！　戦闘準備！　完全武装し速やかに兵舎前に集合せよ」

と週番下士官の号令がかかった。兵舎前に整列した将兵に玉村中隊長は、

「敵軍が竹田浜に上陸した模様である。敵軍は逐次増強し水際《すいさい》に橋頭堡《きょうとうほ》を築きつゝあり。今後はわが中隊との対戦となる。大隊本部からは、防御に努め攻撃は差し控えるようにとの命令があった。しかし、われわれは全力を尽くして戦う」と訓示した。

向井《むかい》伍長を分隊長とする重機関銃第2分隊に所属する光井《みつい》良《りょう》二等兵は、男体山の東側斜面にある塹壕《ざんごう》を目指した。第2分隊が塹壕に到着したのは午前4時ごろだった。光井二等兵が竹田浜方面を見ると、照明弾で明るくなった海上に、竹田浜海岸を目指す数十隻の上陸用舟艇《しゅうてい》が浮かび上がった。

国端崎や小泊崎・竹田崎にある友軍陣地からの砲撃音と、海面や海岸線付近に着弾する砲弾の炸裂音が、絶え間なく轟いていた。

突然、前方500メートルあたりに、ソ連兵の姿が見えた。黒くて長い外套《がいとう》を着たソ連

兵は、マンドリン銃を手にして中腰でこちらに向かってくる。そのソ連兵たちを狙った第2分隊の重機関銃が「ダダ、ダダ、ダダ」と火を噴いた。すかさずソ連兵も撃ち返してきた。

「銃手は狙撃兵に狙われるから、頭を下げて撃て」

向井分隊長の注意も虚しく、銃手は狙撃されて倒れた。代わって重機関銃の把手《はしゅ》を握った兵士も、たちまち狙撃されて絶命した。

近くで擲弾筒《てきだんとう》を操作していた兵士の一組は、迫撃砲の直撃弾を受け、一瞬のうちに姿を消した。その反対側でがむしゃらに撃ちまくっていた軽機関銃手も、鉄帽を地につけて動かなくなった。

「タラララ…タラララ…」とマンドリン銃の断続音が、そこかしこで響いた。

前方の壕から、「ウラー、ウラー」(ソ連兵が突撃の際に発する言葉)という叫びと、「この野郎」「こん畜生」という日本兵たちの怒号が入り交じって聞こえてきた。殺《や》るか殺《や》られるかの白兵戦《はくへいせん》となっていた。

そのとき、濃い霧がひたひたと押し寄せた。視界はほとんどゼロとなった。ソ連兵たちは退いた。しばしの静寂が訪れた。

その間隙《かんげき》を突いて、光井二等兵ら玉村中隊の将兵たちは、稜線付近の窪地《くぼち》に後退した。窪地に身を隠した将兵たちは、最後の決戦に備えて、乾《かん》パンを頬張《ほおば》り腹ごしらえをした。

光井二等兵は、近くの戦友と言葉を交わした。

「敵も相当の損害らしいが、こっちも大分やられたぞ」

「お前、柄《がら》の大きいくせに、よく弾《たま》が当たらなかったな」

腹ごしらえを終えた光井二等兵は、窪地から顔を出して右手前方、竹田浜のあるほうを眺めた。霧の途切れ目に、多数のソ連兵がこちらに向かって潮《うしお》の寄せるように進んでくるのが浮かび上がった。

光井二等兵は、映画で見たナポレオン時代のフランス軍部隊の集団進撃のシーンを思い出した。近くの敵と戦うだけで精一杯であるのに、あの大軍に攻め寄せられたら、わが中隊の全滅は必至である。光井二等兵は、〈いよいよ最期の時が来たか〉と覚悟した。

右手から寄せてきたソ連兵の一人が、早くも壕を乗り越えてこちらに向かってきた。光井二等兵は銃の引き金を引いた。ソ連兵は、弾《はじ》かれたように2、3メートル横に吹っ飛んで倒れた。すると、指揮官の鉄帽を被《かぶ》った大男と衛生兵らしい小男が現われ、倒れた兵士を引きずって後方に運び始めた。味方の誰かが、

「衛生兵や負傷兵は撃つな！」と叫んだ。

目の前の壕でソ連兵のうめき声がして、

「マンドリンを分捕《ぶんど》ったぞ」と叫ぶ声がした。

戦友が分捕ったマンドリン銃を光井二等兵は手に取り眺めた。我が軍の三八《さんぱち》式歩兵銃と比べると銃身が短くて軽い。丸い弾倉《だんそう》（弾を71発装塡《そうてん》できる）には拳銃弾ほどの小さな弾が20発くらい残っていた。

接近戦になると、自動回転しながら弾を連続発射するマンドリン銃のほうが、5発装塡して1発ずつ発射する我が歩兵銃よりも効力があると光井二等兵は思った。

激闘が続いていたとき、

「左手からも敵がやってくる！包囲作戦で四嶺山《しれいざん》を占領するつもりだぞ！」

と怒鳴る声がした。

光井二等兵は左横手に目を転じた。山頂の稜線にソ連兵の鉄帽が3つ4つ見え隠れして

いる。と思う間もなく、弾が飛んできた。玉村中隊だけでなく、四嶺山の北側から東側に進出していた村上大隊の将兵たちは、左右の敵から挟《はさ》み撃《う》ちされたのである。すぐ後ろで、

「あっ！」

と絶叫があがった。

振り向くと、向井分隊長が胸を赤く血で染め軍刀を杖に片膝をついていた。向井分隊長の顔面に、さらなる敵弾が命中した。向井分隊長は、ドッと倒れた。壮絶な最期だった。

駆け寄った光井二等兵は、投げ出されていた向井分隊長の軍刀を自分の背中に結びつけた。光井二等兵は、

「この刀で一人でも多くの敵を切って、分隊長の仇討ちをするぞ」と誓った。

壕にもどった光井二等兵は、右前方の敵に5発、左前方の敵に3発というように銃を撃ち続けた。敵から飛んでくる瓶型《びんがた》手榴弾は、爆発する前に素早く投げ返した。このような接近戦が続き、光井二等兵は無我夢中で戦った。

竹下大隊、ソ連軍を撃退す

独立歩兵第283大隊（大隊長＝竹下三代二《たけしたみよじ》少佐）は、占守島の南東側に布陣していた。川森正二《かわもりしょうじ》主計曹長は、「敵上陸」の報せを旅団司令部から受けたときの様子を、次のように記録している。

――大隊の主力（第2、第4中隊）は占守島の南側の主陣地にあり、第1中隊は大観《だいかん》台《だい》方面、1個小隊は咲別《さきべつ》方面に配備されていた。終戦の大命《たいめい》を受けて、兵器弾薬、糧《りょう》秣《まつ》被服等を整備して引き渡しの体制を完了していた。

8月18日午前0時頃（記録者によって時刻に相違がある）激しい電話のベルの音に目を覚ました。ソビエト軍（この段階では、師団司令部はソビエト軍と断定していない）が竹田浜に不法上陸す。独立歩兵第282大隊をはじめとする各部隊は応戦し戦闘中。竹下大隊は戦車連隊と行動を共にし、直ちに戦闘地域に応急出動すべしとの旅団司令部からの命令あり。国端崎方面から、かなり激しい砲声が聞こえてくる――

竹下大隊長は、大観台付近に布陣している第3中隊に四嶺山方面へ進出して村上大隊を援護するよう命じた後、大隊本部と第2、第4中隊を率いて戦車連隊の車輌に搭乗して戦闘地域の訓練台へと急いだ。

大観台付近を通過し訓練台に近づくと、敵の迫撃砲弾が至近距離で炸裂《さくれつ》しはじめた。戦車から降りた将兵たちは、戦闘態勢をとって前進した。

敵軍が訓練台を越えて大観台に迫ろうとしていることを知った竹下大隊長は、配下に前面の敵に対する攻撃を命じた。将兵たちは、手前の窪地《くぼち》から匍匐《ほふく》前進をして緩《ゆる》い勾配《こうばい》の斜面を登り稜線に出た。

その稜線と敵の潜む散兵壕とのあいだの距離は約150メートル、さらに前進し窪地を登りつめた稜線と敵の稜線との距離が100メートルになったとき、第4中隊の兼平《かねひら》曹長が敵兵目がけて小銃で狙撃した。弾は命中し、敵兵はもんどり打って倒れた。途端に、敵は一斉射撃で反撃してきた。川森曹長のそばで戦っていた菊谷《きくたに》兵長は頭部貫通銃創《じゆうそう》で戦死した。

敵の射撃は激しさを加えたが、竹下大隊の将兵たちは怯《ひる》むことなくじわじわと前進を続け、敵が身を隠している散兵壕《さんぺいごう》にあと約30メートルのところまで肉迫したとき、竹下大隊長は、本部配下の歩兵砲中隊の赤塚《あかつか》小隊長に、突撃敢行前の援護射撃を命じた。

やや後方にあった赤塚小隊の大隊砲と速射砲は、直ちに射撃を開始した。赤塚小隊の激しい砲撃を受けた敵の攻撃が一瞬止んだ。その間隙をついて竹下大隊長は、突撃命令を下した。将兵は一斉攻撃を敢行した。散兵壕にいた敵兵は雪崩《なだれ》を打って敗走した。

午後2時ごろ、渡部《わたなべ》一粒《いちりゅう》曹長が大観台から旅団命令を受けて、訓練台の大隊本部に帰隊した。旅団命令書には、本日（18日）16時に戦闘を中止すること、現在地において白旗を掲げて別命あるまで待機すること、ただし敵の攻撃を受けたときは自衛のため応戦すべしと記されてあった。

ソ連軍は竹下大隊本部に配属されている歩兵砲赤塚小隊を襲撃してきた。赤塚小隊は応戦したが、小隊長赤塚中尉は全身に多数の銃弾を受けて戦死した。勢いに乗るソ連軍は、大隊本部陣地に迫った。

20メートルの間隔で対峙《たいじ》したソ連軍の散兵壕からマンドリン銃が絶え間なく鳴り響いた。マンドリン銃の標的にならぬよう散兵壕に身を隠した日本将兵は、手榴弾を投げて応戦した。

垂れ込めていた霧が少し晴れた。霧の合間に大隊本部前に掲げてあった白旗が目に入ったのであろう、ソ連軍の攻撃が途切れた。

〈機を逸するな〉と、その白旗を手に取ったロシア語のできる児島《こじま》曹長が敵陣に向かった。児島曹長が敵の将校と交渉を始めたとき、少し離れた陣地にいた日本軍が別の方角の敵に向けて機関銃を連続発射した。騙し討ちと勘違いしたソ連軍は、児島曹長を射殺した。乱戦は再び始まった。

ソ連軍から飛来してきた手榴弾が、川森曹長のいる壕に転がり込んできて、川森曹長の右2メートルほどのところで止まった。しかし、幸いにも不発弾であった。

もしこの手榴弾が炸裂していたら、壕内の将兵10数名は粉砕されているところであった。手榴弾は、緑色で玩具の打ち出の小槌《こづち》のようなかたちをしていた。

川森曹長の隣りで闘っていた甲谷《こうたに》兵長は頭部に受弾して倒れた。前頭部を貫いた銃弾は、後頭部に握り拳《こぶし》が入るほどの大きな穴を開けていた。甲谷兵長は傷口から流れ落ちる血を右手で撫《な》でながら、

「おっかさん、頭痛いよう。おっかさん、頭痛いよう」

と呻《うめ》き声をあげた。

川森曹長は、闘いの合間に青木《あおき》軍曹とともに甲谷兵長の傷口にガーゼを詰め、三角巾で頭を縛って応急手当をした。重傷の甲谷兵長は、川口《かわぐち》衛生伍長が付きそい、大観台の野戦病院に後送された。

川森曹長は、〈あの重傷ではとても助かるまい〉と思った。しかし、甲谷兵長はその後、奇跡的に回復し、戦後、川森曹長と再会する。

大隊本部が襲撃されていることを察知した第1、第2、第4中隊が急行してきた。それをみたソ連軍は、機関銃を放置したまま退却した。

竹下大隊の一部は、数田大隊（独立歩兵第293大隊）第4中隊とともに訓練台に留まり、近いところでは100メートルくらいしかない前方で南下の機会をうかがうソ連軍と対峙した。竹下大隊第2、第4中隊は大観台に後退して、旅団司令部の守備にあたった。

このときの戦いで、大隊本部の副官菅井《すがい》大尉と、第1中隊の花沢《はなざわ》准尉ら30余名が戦死した。竹下大隊長は右肩受弾の重傷を負った。

激戦のあった草原の至るところに、日ソ両軍の死傷者が横たわっていた。将兵たちは、傷ついて動けないでいる将兵の姿を見つけると、敵味方を問わず応急処置をしたのち、大観台へ搬送した。

搬送されてきたソ連兵たちの手当をした池端健治《いけはたけんじ》衛生兵は、次のように語っている。

――私ども医療班は大観台の旅団司令部で負傷兵の医療に当たっていた。竹田浜や四嶺山の方向から銃声、砲撃音が絶え間なく聞こえてくる状況の中で……ソ連兵15人が搬送されてきた。カムチャッカ半島で働く猟師が急拵《きゅうごしら》えの兵隊にされたらしく、マンドリン銃を持っているものの、その様子は全く格好悪い。機銃によるものか迫撃砲によるものか、いずれも全身負傷している者、上腕骨《じょうわんこつ》が剝《む》き出ている者、筋肉が剝《は》がれてぶら下がっている者、眼球が飛び出している者などで、さながら地獄絵図を見るような現場になった。

ヨードチンキを湿布すると、金切り声で泣き叫ぶ。痛がるのも構わずの荒療治となった。2日間で約100人くらいのソ連軍負傷兵を救った――

ちなみにソ連軍兵士たちは、戦死した日本兵を見ると、身に着けていた時計やバンドなどを先を争って奪い取った。四嶺山方面の戦闘で捕虜にした日本兵を数珠《じゅず》つなぎにして射殺した。戦闘能力を失ったソ連兵に対する日本軍の処遇と比べてなんという違いであろう。

航空隊の戦い

占守島南西部・片岡湾のそばにある片岡飛行場と、占守島の中央にある三好野《みよしの》飛行場には、海軍の九七式艦上攻撃機4機と陸軍の一式戦闘機4機が配備されていた。

攻撃命令を受けると、機体整備を終えた「空の狙撃兵」と呼ばれる九七式艦上攻撃機2機が、250キロ爆弾2発を積載して飛び立った。

同じく機体整備を終えてタ弾（空対地クラスター爆弾）を装備した高速を誇る一式戦闘機3機が離陸した。タ弾は、命中爆発するとエネルギーを前方に集中させる殺傷能力の高い爆弾であった。

戦闘機群は、数分後に竹田浜上空に達し、敵艦船の煙突を狙って爆弾を投下した。火炎と黒煙が海面に広がった。戦闘機は、爆弾投下を終えると上陸用舟艇や上陸しつつあるソ連兵を目がけて急降下し、機銃掃射をした。

ソ連軍は、日本軍の陸上からの攻撃にくわえて空からの攻撃を受けて慌《あわ》てた。ソ連軍艦船からは機関銃で、上陸した部隊からは軽機関銃で果敢に応射してきた。

荒谷富士飛曹長《あらやとみじひそうちょう》の操縦する艦上攻撃機は、敵艦に爆弾を命中させ大爆発を起こさせた。しかし、敵艦から撃ち出された機関銃に被弾した荒谷機は、火を吹き始めた。〈もはやこれまで〉と覚悟をした荒谷飛曹長は、別の敵艦の煙突を目がけて体当たりし、機もろともに散った。残る戦闘機は、飛行基地にもどっての爆弾装塡《そうてん》と整備点検を繰り返しながら竹田浜攻撃を行なった。

上陸してきたソ連兵は、右手前方の国端崎要塞、背後の小泊崎要塞、左手の北部遊撃隊から飛んでくる砲弾や機銃弾に身をさらしながら、四嶺山方面に向かって前進した。

陽動作戦で占守島東側にある中川湾方面に向かっていたソ連軍第３７８狙撃連隊２個中隊を乗せた艦船は、濃霧のため将兵を上陸させることができず、竹田浜方面に引き返しつつあった。

相手が米軍かソ連軍か知らなかった日本軍

第2梯団を指揮するアルチューフィン大佐は、砲撃により第1梯団に多大な被害が出ているにもかかわらず見過ごしていた国端崎要塞と小泊崎・竹田崎要塞を沈黙させようと、兵力を割《さ》いてそちらに向かわせた。

国端崎要塞を守る1個小隊約50名の将兵と、小泊崎・竹田崎要塞を守る1個小隊約50名の将兵は、砲撃をやめて小銃を手に取り、圧倒的に数の多いソ連兵と闘った。その結果、国端崎要塞では小隊の約半数が戦死し、残りの半数は捕虜となった。小泊崎・竹田崎要塞の小隊は全滅した。

それを見届けたアルチューフィン大佐は、第2梯団の将兵を率いて、広い範囲を少ない人数で守備している村上大隊の間隙《かんげき》を縫いつつ四嶺山を目指して進んだ。

アルチューフィン大佐は、男体山から1キロメートルの地点に戦闘指揮所を置き、そこから指示を出し、海兵大隊には男体山の稜線から南斜面の村上大隊本部を、第378狙撃連隊には双子山《ふたごやま》と女体山《にょたいさん》の間から南斜面の第3特殊監視隊（電波探知機部隊）をそれぞれ攻撃させた。また、第373狙撃連隊と、遅れて上陸してきた第138狙撃連隊を訓練台方面へ南進させた。この狙撃連隊と死闘を繰り広げたのが、先ほどの竹下大隊第2、第4中隊であった。

男体山の稜線に達したソ連兵たちは、そこから南斜面の村上大隊本部陣地を見下ろしながら軽機関銃とマンドリン銃による攻撃を仕掛けてきた。

村上大隊は、兵力を分散配置していたため、本部陣地には約70名の将兵しか残っていなかった。将兵たちは本部陣地を出て前面の塹壕に入り、手榴弾・機関銃・小銃で応戦した。

40メートルくらいの距離に近づいた兵士がマンドリン銃を持ち、喋《しゃべ》っている言葉が英語でなくロシア語であることに気づいた将兵は、戦っている相手がソ連兵であることを初めて知った。

第91師団司令部が、「竹田浜に上陸してきたのはアメリカ軍でなくてソ連軍である」と確認したのは、どの時点においてであったろうか。

師団司令部付将校の長島厚大尉は、18日午前2時すぎ現在の状況についてこう語っている。

――午前1時30分ころから、竹田浜に向けて砲撃が行なわれていること、2時すぎに国籍不明の多数の艦船が竹田浜に上陸しつつあることを、占守島守備にあたっている第73旅団司令部・杉野巌旅団長からの電話で司令部は把握していました。

もしかしてソ連軍が上陸してきたのではと、ちらっと思ったことは確かです。ソ連軍が8月9日に満州に侵攻したということを知っていましたので。

しかし、カムチャツカ沖の操業権をめぐる日ソ交渉でソ連の領事館員たちが日本に好意的態度をとっていましたし、現に数日前まで日魯《にちろ》漁業の漁船がカムチャツカ沖に出てサケマス漁をしていたのも知っていました。

一方、米軍がサイパン島や硫黄島、沖縄島に侵攻する際に山容の変わるほど徹底的な艦砲射撃をくわえたという情報が入っていました。それに、米軍の偵察機が占守島や幌筵島に何度も飛来して、上陸地点やわが軍の配備状況を探っていました。また、

ソ連軍、四嶺山に迫る
（8月18日午前5時）

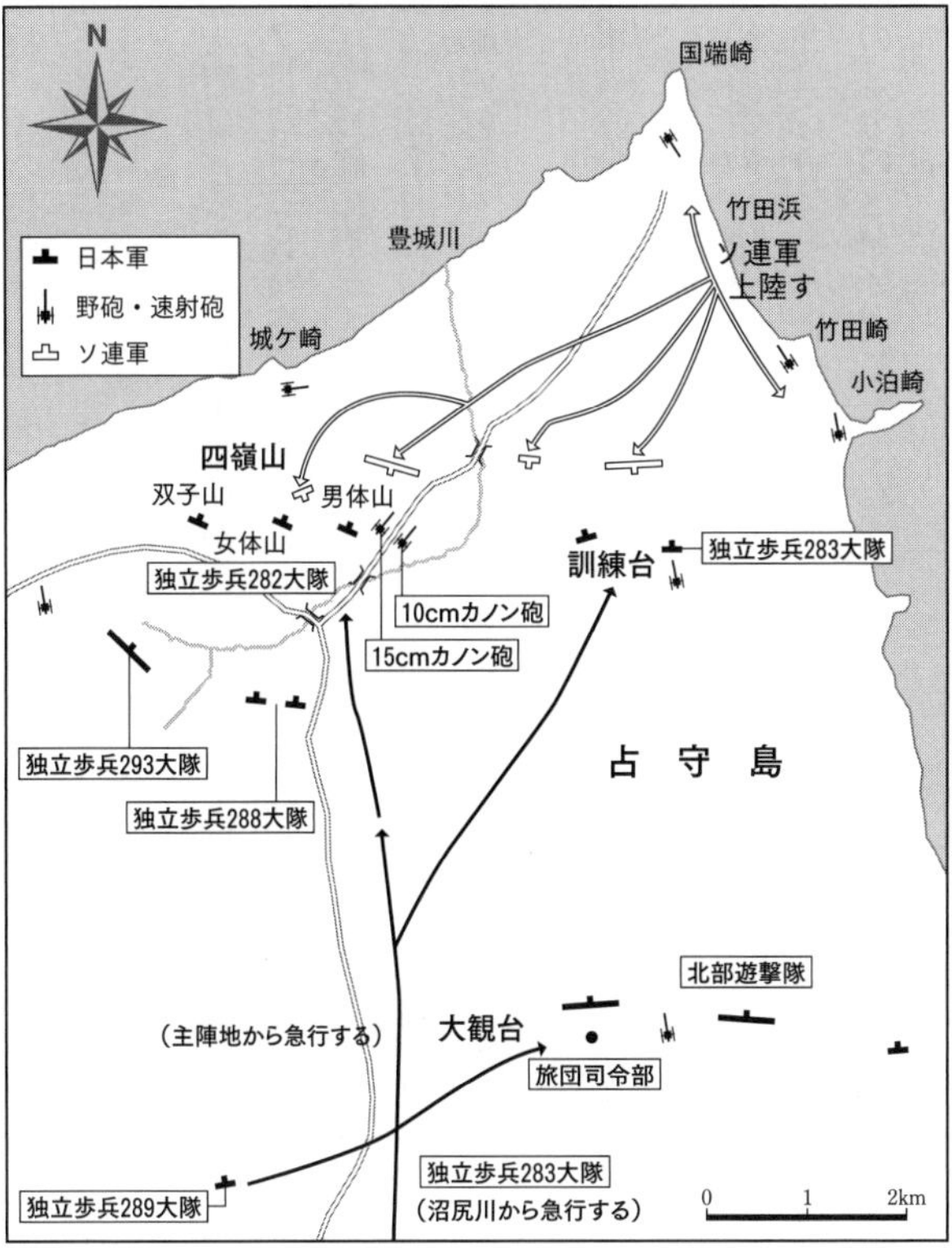

米軍機による爆撃や米軍艦船による艦砲射撃もしばしば行なわれていましたから、上陸してきたのはよもやソ連軍ではあるまい、きっと米軍だろうと思っていました――

長島大尉は、5月11日に米軍機が延べ6回数十機で占守島と幌筵島《ぼろむしるとう》の基地を空襲したこと、7月27日にB24爆撃機7機が占守島の片岡飛行場を空襲したこと、7月22日に巡洋艦2隻、駆逐艦1隻が幌筵島沖に現われ、擂鉢山《すりばちやま》付近に対して約2000発の艦砲射撃を加えたこと、7月12日、同じく巡洋艦2隻、駆逐艦1隻が温禰古丹島《おんねこたんとう》、松輪島《まつわとう》、幌筵島に次々と艦砲射撃を加えたことなども念頭にあって、「米軍が上陸してきた」と思ったのであろう。

「日本軍は少数」とみたソ連兵のなかの勇敢な一人が火炎放射器を持って村上大隊本部前の塹壕に近づいてきた。その姿を見た日本兵の軽機関銃が火を噴き、ソ連兵は斃《たお》れた。

圧倒的多数のソ連軍の攻撃を受けた大隊本部陣地は、苦戦を強いられた。指揮をとっていた向井信行《のぶゆき》分隊長が戦死したのに続いて、岡安良司《おかやすりょうじ》兵長、清野誠吉《せいのせいきち》軍曹が斃れ、将兵のうちの3分の2が死傷した。残った将兵たちは、ソ連兵の突撃を辛うじて防いでいた。

しかし、全滅はもはや時間の問題となった。

双子山の南山腹にある第3特殊監視隊もまた、ソ連軍の攻撃を受けて、危機的状況に陥った。

第4章　戦車第11連隊の参戦

戦車第11連隊への攻撃命令

18日の午前2時30分ごろ、第91師団司令部から占守島《しゆむしゆとう》の岩木台《いわきだい》にある戦車第11連隊本部に、「敵は本朝未明艦砲射撃の支援のもと、竹田浜《たけだはま》一帯に上陸開始。池田《いけだ》連隊長は、泉《いずみ》広利《ひろとし》少佐の指揮する工兵隊のうちの2個中隊を併せ指揮し、国端崎《こくたんざき》方面に急進し、敵を撃滅すべし」との命令が届いた。

ポツダム宣言を受諾してわが国が矛《ほこ》を収めたことに憮然《ぶぜん》としていた池田末男《すえお》戦車連隊長は、この命令に接するや生気を取り戻した。

池田連隊長は、山田野《やまだの》・田沢台《たざわだい》・天神山《てんじんやま》・大和橋《やまとばし》・千島橋《ちしまばし》・向《むこう》ケ岡《おか》、緑《みどり》ケ丘《おか》に分散配置されている戦車各中隊に電話で非常呼集をかけ、以下の状況説明をふくむ命令を出した。

1　本朝0210（午前2時10分）、敵軍約2個大隊が国端崎付近に上陸、第一線守備隊はこれと交戦中なり。

2　わが部隊は主力をもってこれを攻撃、敵を水際に撃滅せんとす。

3　各戦隊（左、竹下《たけした》大隊、右、数田《かずた》大隊）配属の戦車中隊の全部及び歩兵1個中隊を余《よ》の直接指揮に入らしむべし。
3　戦車第4中隊長は国端崎付近の敵情を捜索し、0500（午前5時）天神山に於て予《よ》に報告すべし。
4　各戦隊長は爾後《じご》旅団長の直接指導を受くべし。
5　各中隊は直ちに戦闘準備を完了し、速やかに天神山に集結すべし。
6　予は0500天神山にあり。

右の状況説明と命令の内容を解説する。

——午前2時10分、国籍不明の敵2個大隊約2千数百が国端崎付近（竹田浜）に上陸した。上陸地点を守備している村上《むらかみ》大隊（独立歩兵第282大隊　800余名）は、その敵と交戦中である。わが戦車連隊の主力は直ちに国端崎方面に向かい、敵を竹田浜に追い詰め撃滅する。

占守島の南方25キロメートル付近を守備中の竹下大隊（独立歩兵第283大隊　1000余名）と数田大隊（独立歩兵第293大隊　1000余名）の指揮下にある戦車中隊のすべて、および戦車と行動を共にする歩兵1個中隊（約100名）は、只今から私（池田連隊長）の指揮下に入れ。

戦闘が行なわれている地点に比較的近い戦車第4中隊の隊長伊藤力男《いとうりきお》大尉は、国端崎付近に進出して敵の国籍を確認するとともに兵力状況を調べ、午前5時までに戦車隊の集結地である天神山に至り、私に報告せよ。

私、ならびに各戦車中隊長は、以後、この戦いの指揮をとっている第73旅団長杉野巌《すぎのいわお》少将の指揮下に入って行動する。

各中隊は、戦車の戦闘準備が終わり次第、迅速に天神山に集結せよ。私は午前5時には天神山に着いて全中隊の集結を待っている――

この命令が発せられる前、各戦車中隊は、終戦の報せを受けて全戦車を海に沈める手はずになっていた。そのため戦車砲、機銃、無線機を戦車の車体から取りはずしてあった。

弾と機銃弾も戦車の外に出し砲弾の信管を抜いてあった。

池田連隊長からの非常呼集を受けた各中隊長は、戦車搭乗兵と整備兵たちに命じて、戦車砲、機銃、無線機を戦車に再び取り付け砲弾に信管を着装する作業を急がせた。

中川上流《なかがわ》の緑《みどり》が丘《おか》に駐屯していた戦車第5中隊は、17日までに戦車から無線機、重砲、弾薬などを取り外していた。また、戦車を爆破するために250キロ爆弾を戦車内に積み込み、海岸線の断崖上に移動させ、命令一下いつでも爆破、水没させられる準備を終えていた。

17日の夜は、中隊長古沢薫《ふるさわかおる》中尉の呼びかけに応じ、戦車搭乗兵、整備兵あわせて80余名の将兵が幕舎《ばくしゃ》前の広場に集まった。将兵たちは、久しぶりの日本酒を飲み、海草などの混じり物のない白米の飯《めし》を食べて歓談した。

飲食が終わるころ、突然国籍不明の戦闘機が一機飛来して、上空を旋回した後、カムチャツカ方面に飛び去った。〈戦争はすでに終わっている。気まぐれな飛行をしているのだろう〉と、誰ひとりとして気に留めなかった。飲食歓談を終えた将兵たちは、それぞれの幕舎にもどり眠りについた。

困惑しつつも出撃態勢を急ぐ戦車兵たち

第1小隊長上ノ山清二《うえのやませいじ》中尉の手記によれば、「敵襲」と叫ぶ不寝番《ふしんばん》の声で眠りを破られた。上ノ山中尉は、すぐに幕舎の外に出て北の空を見上げた。遠く国端崎方面から、ドーン、ドーンという鈍い音が聞こえてきた。紛れもなく砲撃音であった。間もなく電話が鳴った。連隊本部からの電話であった。

「敵は国端方面に上陸せり。自衛のための戦闘準備をせよ。準備完了後、速やかに天神山に集合せよ」

古沢中隊長は、非常呼集をかけて隊長幕舎前に全員を集合させた後、状況を簡潔に説明し、出撃命令を下した。

爆破準備を完了させていた戦車、トラックなどの全車輌を戦闘可能な状態に戻すには手間がかかった。いちばんに準備を終えた戦車に古沢中隊長が乗り、次に準備のできた戦車に上ノ山中尉が乗った。2輌の戦車は、準備の終わらぬ戦車を待つことなく、占守街道に出て北上を開始した。

占守街道を進むと、北に向かって行軍中の歩兵部隊が見えてきた。戦車が近づくと、歩兵たちは道をあけ通り過ぎる戦車に手を振った。戦車は歩兵部隊を追い抜いて進み、天神山に到着した。

天神山に陣地をおく戦車第３中隊第３小隊（戦車３輛）の隊長の内田弘《うちだひろし》少尉は、床のなかでウトウトしていて非常呼集のベルで目を覚ました。急ぎ足でやってきた通信担当の諏《す》江《え》曹長が、床から起き上がった内田小隊長に、

「敵、国端崎方面に上陸。２８２大隊が戦闘中。戦車隊は戦闘準備をせよと池田連隊長からの命令です」

と伝えた。

騒がしい物音で眠りを破られてぼうーっとした顔をしている部下たちに、内田小隊長は、

「非常呼集だ。起きろ。敵が来たぞ」

と叫んだ。

戦車隊員のなかには、敵が来襲してきたとは信じられず〈戦争終結で兵隊の気持ちが弛《ゆる》んでいるから、ここらで気を引き締めさせるために師団が非常呼集をかけたのだろう〉と

受け取った者もいた。

しかし、命令は命令である。将兵たちは、それぞれの部署について、前日、穴を掘って埋めてしまっていたドラム缶を掘り出して燃料補給をし、保管庫から弾薬を運び出して戦車に積み、車輪にグリスを補給し、エンジンの調整をした。炊事班は飯の炊き出しをして握り飯をつくり、出撃する兵士たちに配った。

準備万端整えた戦車第3中隊の隊員たちは、他地区からの戦車が集結してくるのを待った。

池田連隊長は、各中隊への連絡命令を終えると、戦車連隊本部配下の各隊長に対し、次の指示命令を出した。
1 整備中隊長は修理、補給小隊を大観台《だいかんだい》に進出させ、待機せよ。
2 木下《きのした》軍医少佐は、医療器材をトラックに積載し、救護班を指揮して本部に追従せよ。
3 築城掛《がかり》将校高石《たかいし》大尉は、残留部隊長となり、残留者を併せ指揮し、本部の機密書類の焼却等を行なうとともに、本部との連絡に当たれ。敵が長崎《ながさき》または蔭《かげ》ノ間《ま》に上陸して来た場合は、残留部隊をもってこの敵を攻撃せよ。敵の上陸のない場合は、現在地にあって連隊の最期を見届け、状況により戦場の整理を担当せよ。

4　戦隊本部の出発は0400（午前4時）と予定する。戦闘準備の出来た車輌より道路上に集合せよ。

右の指示命令の内容と背景を解説する。

整備中隊は中隊長石山定夫《いしやまさだお》大尉を筆頭に、60余名の整備兵からなっていた。整備中隊将兵の任務は、戦闘中に破損する戦車を修理し戦車に弾薬や燃料を補給することである。その整備中隊全員は前線司令部のある大観台《だいかんだい》に進出せよとの命令である。

旅団司令部付救護班の軍医は、木下不二夫《ふじお》少佐を筆頭に8名いた。加えて衛生兵が34名いた。これらの救護班員も整備中隊とともに大観台に進出せよとの命令である。

整備中隊と医療部隊併せて90余名は、トラックに分乗して占守《しゆむしゆ》街道を北上し、大観台に入ることになる。

築城掛（工兵隊）は、これまで兵舎の建設、陣地の構築、塹壕《ざんごう》掘り、占守街道の整備、橋梁《きょうりょう》建設などの中心的役割を担ってきた。その築城掛は本部に残留し、築城掛将校・高《たか》石長四郎《いしちょうしろう》大尉の指揮のもと、敵の手に渡してはならない旅団本部の機密書類を焼却処分せよとの命令である。

また、敵が長崎《ながさき》（片岡《かたおか》湾）または蔭《かげ》ノ間《ま》（中川《なかがわ》湾）に上陸してきた場合に備えた戦闘準備も、残留部隊とともに行なえとの命令内容が3である。

「連隊の最期を見届け、状況により戦場の整理を担当せよ」とは、これからの戦いにおける戦車隊の生存者と死傷者を区分けして記録すること、戦死者の遺体を鄭重に葬《ほうむ》ること、郷里の遺族に届ける遺留品を確保管理することを意味している。

しかし、実際の戦いが行なわれ、多くの戦死者を出して停戦した後、ソ連軍は日本軍が戦死者の身元確認をしたり埋葬したりすることを許さなかった。捕虜となった日本将兵たちは、戦いに斃《たお》れた戦友を残したまま、シベリアやヨーロッパに抑留されることになる。

池田《いけだ》連隊長率いる戦車隊の出陣

命令と指示を終えた池田連隊長は、連隊長室に本部将校を集め、出陣の盃《さかずき》を交わした。池田連隊長は、まず指揮班長丹生勝丈《にうかつたけ》少佐の盃に酒を注ぎ、堅く手を握り微笑んだ。

丹生少佐は関東軍戦車第4連隊生え抜きの将校であり、司令官今村均《いまむらひとし》中将麾下《きか》でインドネシア攻略戦を戦った猛者《もさ》である。平素の丹生少佐は、にこやかに部下と接する柔和温厚な人物であった。厳父的存在であった池田連隊長と対照的に、あたかも親鳥がひな鳥を自分の翼に抱き込むように、部下将兵を自分の袖の下に慈《いつく》しみ匿《かくま》う慈母《じぼ》的存在であった。

池田連隊長は、丹生少佐に続いて軍医の木下不二夫少佐、同じく軍医の加藤次郎《かとうじろう》大尉、副官の緒方静夫《おがたしずお》大尉、通信班長の佐藤三男《さとうみつお》大尉、服部英雄《はっとりひでお》主計大尉、残留隊長の高石長四郎大尉たちに酌《しゃく》をしてまわった。

連隊長車の準備完了を知らされた池田連隊長は、丹生少佐の乗る指揮班長車が整備に手間取っているのをみると、丹生少佐に、

「丹生、俺と一緒に来い」

と声をかけた。

池田連隊長は、連隊長車に乗る前に、残留部隊長高石大尉と握手をして言った。

「後始末を頼んだぞ」

高石長四郎大尉は、そのとき池田連隊長から受けた印象を後にこう述べている。

「池田連隊長には何の気負いも感じられず、飄々《ひょうひょう》としていました。その手の温もりは、私の掌に今も残っています。武将の出陣とはこういうものかと、一幅《いっぷく》の絵を見るような感じがしました」

日の丸の鉢巻を締め右手に軍刀、左手に指揮官旗を持った池田連隊長は、戦車に搭乗すると砲塔に上半身を出して立った。丹生少佐は、形影相伴《けいえいあいともな》うように池田連隊長と背中合わせに立った。

戦車内から砲手の丹野《たんの》要《かなめ》伍長が、体を横に寄せて、

「少佐殿、ここにお入りください」

ソ連軍と戦う戦車第11連隊
（8月18日　午前6時50分～）

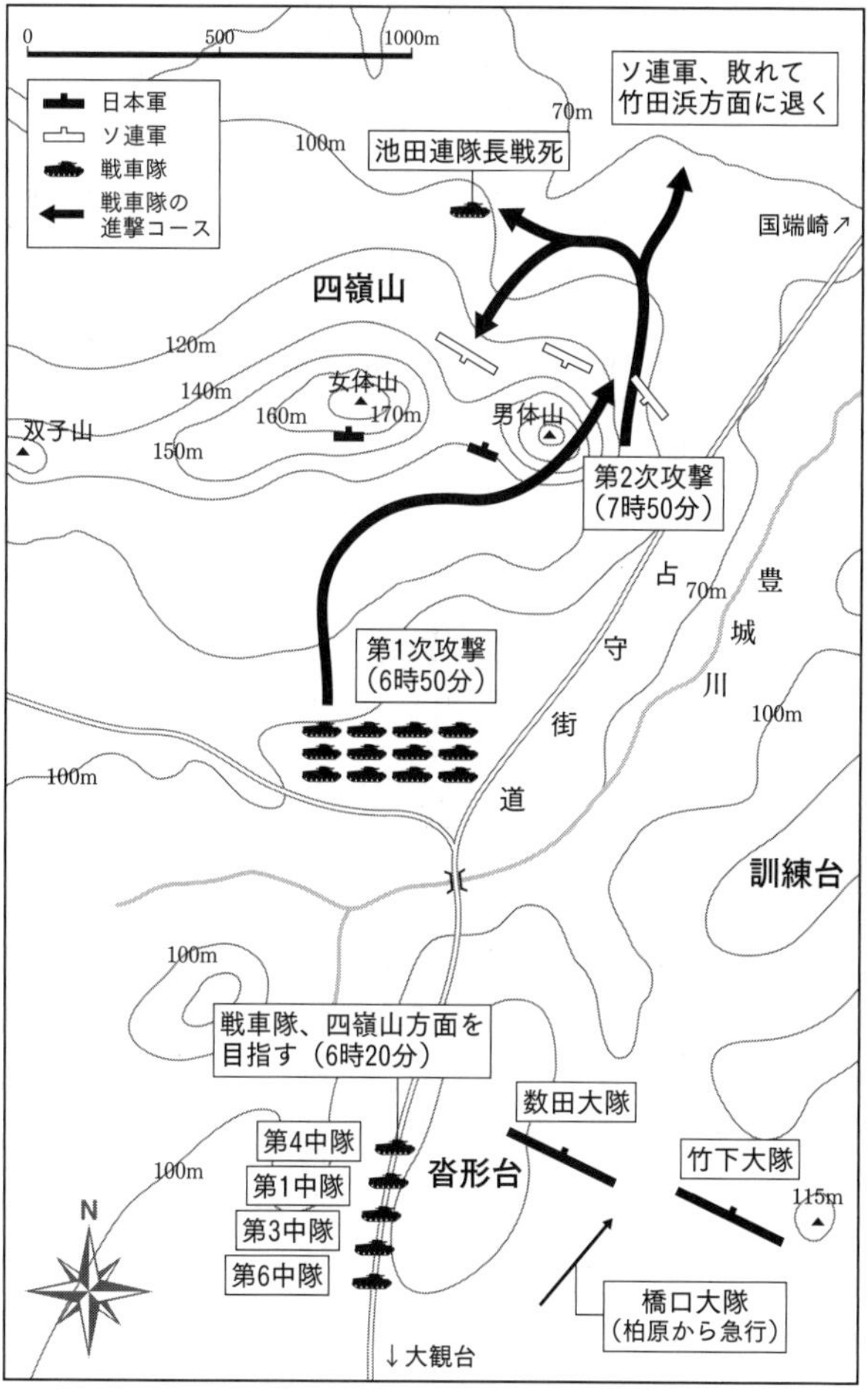

と丹生少佐を誘った。

「ここでいい。俺のことは心配するな」

と丹生少佐は微笑で応じた。

池田連隊長は、手にした指揮官旗をさっと振り、「前進」の合図をした。連隊長車を先頭にした戦車群と伝令車は一路、集結地の天神山を目指した。

池田連隊長車が天神山に到着したのは、午前4時半ごろであった。連隊長車に続いて、第1、第3、第6中隊の戦車群が集結してきた。その数は20余輌にのぼった。

池田連隊長の敵情視察命令を受けていた第4中隊の隊長伊藤力男大尉は、それよりも早い時刻に中隊の戦車を率いて北上し、前方に竹田浜と国端崎を遠望でき、左方に四嶺山《しれいざん》が迫る豊城川《とよしろがわ》流域の台地に出ていた。

伊藤大尉は、竹田浜に上陸した敵軍はソ連軍であること、ソ連軍は男体山《なんたいさん》と女体山《にょたいさん》の東から北にかけた斜面一帯に進出していること、その一部は男体山の稜線に達し、南斜面にある村上大隊本部陣地を攻撃していることを知った。

伊藤大尉たちの戦車に気づいたソ連軍は、速射砲や機関銃で攻撃してきた。敵情視察の目的を果たした伊藤大尉は、敵弾の痕跡《こんせき》のついた戦車で、天神山に到着した。午前5時であった。伊藤大尉は、池田連隊長に視察結果を報告した。

戦車は単独で行動すると、散開する敵歩兵の対戦車砲や対戦車銃で、四方から狙われやすい。戦車は、死角になりがちな敵火力点の位置を歩兵部隊に無線で報《しら》せてもらうことによって、その攻撃力をより発揮できる。

だが、池田連隊長は、歩兵部隊の到着を待っているわけにはいかなかった。待っているあいだに、村上大隊本部陣地はソ連軍の手に落ちる。四嶺山《しれいざん》全体がソ連軍に奪われる。

そうならないためには、戦車隊単独であっても構わない、直ちに攻撃を開始すべきであると池田連隊長は判断した。

午前5時30分、戦車上から将兵たちを見渡した池田連隊長は、

「われらは、大和民族の防波堤となり、歴史にその名を留める」

と力強く叫んだ。

「おおーっ」

将兵たちは一斉に雄叫《おたけ》びを挙げてこれに応じた。

池田連隊長車を先頭に、戦車群は占守街道を北上した。

午前6時10分ごろ、戦車群は北部遊撃隊本部のある大観台《だいかんだい》陣地の横を通過した。戦車群は四嶺山の南側山麓にいたって停止した。6時30分ごろであった。遅れて駆けつけた戦車もあり、この時点での戦車の集結数は30輌を超えていた。

池田連隊長は、男体山の稜線に沿って多数のソ連兵が黒々と姿をみせて、男体山南斜面にある村上大隊陣地を盛んに攻撃しているのを望見した。

勇猛な戦車隊の敵陣突入

午前6時50分、無線通信機を手にした池田連隊長は、師団司令部に「これより直ちに敵に突入せんとす。国の弥栄《いやさか》を祈る」と伝えた。

日の丸の鉢巻を締めた池田連隊長は、砲塔《ほうとう》に上半身をみせて立ち、将兵たちを見渡して叫んだ。

「わが士魂部隊の攻撃目標は、四嶺山に展開する敵軍である。敵兵を一人残らず海にたたき落とすまで勇戦奮闘せよ」

　横一線になった戦車群は連隊長車に遅れじと前進を開始した。そのうちの第４中隊の戦車４輛は、途中で右にカーブを切り、訓練台方面に進出して大観台に向かおうとしているソ連軍を攻撃すべく豊城川《とよしろがわ》の西岸を目指した。

　主力戦車群は、キャタピラ音を轟《とどろ》かせながら女体山の南斜面から男体山に回り込むように前進した。先頭をゆく池田連隊長は指揮官旗を手にして砲塔に跨《また》がった。敵に身をさらす砲塔に敢えて跨ったのは、戦車の中からでは見通しが利《き》かず全軍の指揮を執《と》れないからであった。

　池田連隊長が手にした指揮官旗を右にさっと振ると、それに合わせて戦車群は一斉に右カーブを切り、稜線に展開するソ連兵の群れを目がけて砲撃した。突如現われた戦車群をみたソ連兵は、慌《あわ》てた様子で北側斜面側に退却した。

　村上大隊本部陣地の後方を通って男体山の東側に進んだ戦車群は、そこから男体山の東側斜面を一気に駆けあがった。

　東側斜面でソ連軍と不利な戦いを強いられていた村上大隊の光井《みつい》二等兵たちは、黒煙を靡《なび》かせながら稜線を越えて姿を現わした戦車群を見た。

塹壕で奮戦していた将兵たちは、

「戦車隊が応援に来たぞ！」

と歓声をあげた。先頭の戦車の砲塔には、日の丸の鉢巻を締め、指揮官旗を手にした池田連隊長がいた。その勇姿を見た光井二等兵は、「これで命が多少永《なが》らえたか」と思った。

男体山の東側にあって高射砲2門、高射機関銃2門を持つ防空隊を指揮し戦っていた井《い》上義信《うえよしのぶ》隊長は、ゴーゴーと地響きを立て砂塵を捲《ま》いて現われた戦車隊をみて、「実に頼もしく有難い思いがして、わが軍の士気大いにあがる」と後に記録した。

戦車群は、男体山から女体山にかけた北側斜面に展開しているソ連軍のなかに突入した。

斜面にはハイマツやカバノキなどの灌木《かんぼく》が生い茂っていた。湿地もあった。戦車の操縦手は、戦車がこの灌木に乗り上げてキャタピラが枝に絡《から》まれないよう、湿地にはまらないよう気をつけながら操縦した。

斜面の各所に霧がかかっていて視界があまりよくなかった。そのため、戦闘は遭遇《そうぐう》戦になることが多かった。霧の切れ目に現われてくるソ連兵たちは、マンドリン銃、機関銃、手榴弾《しゆりゆうだん》で攻撃してきた。弾丸が戦車にキーン、キーンと鋭い音を立てて当たった。

戦車群は、戦車砲と機関銃でこれに応戦した。近づく敵兵をみると、これをキャタピラで踏みにじった。戦車の近くにきた敵兵は視野に入らない。戦車の中の射撃手は砲塔の天蓋《てんがい》を開けて上半身を現わし、小銃や拳銃でこの敵兵を撃った。

池田連隊長とともに砲塔から体を出して奮戦していた丹生《にう》少佐は、敵弾を受けて戦死した。砲塔から身を乗り出して小銃で敵兵を狙い撃ちしていた第2中隊長の宮家儀人《みやけはかる》大尉も、敵の直撃弾を受け戦車内に崩れ落ちた。

第3中隊第3小隊長の内田弘《うちだひろし》見習士官は、天蓋を開いて付近の敵兵に拳銃で応戦した。戦車砲を撃っていた式町潔《しきまちきよし》軍曹は敵弾を受けて斃《たお》れた。式町軍曹と入れ替わった五十嵐信夫《いがらしのぶお》軍曹が撃ち続けた。

しかし、五十嵐軍曹も被弾して戦死した。二人の遺体が重なった戦車の中で操縦手も通信手も身動きが取れなくなった。砲弾も撃ち尽くしてしまった。内田小隊長は操縦手に命じて戦場から戦車を離脱させた。

豊城川の西岸に到った伊藤力男大尉の指揮する戦車第4中隊は、竹下大隊の第2、第

3、第4中隊の歩兵と連携して闘い、訓練台《くんれんだい》方面に侵入しているソ連軍に戦車砲弾、機関銃弾を撃ち込んだ。

池田連隊長の戦死

敵軍に多大な打撃を与えた池田連隊の戦車群は、弾丸を撃ち尽くして四嶺山《しれいざん》の山頂付近にもどった。そこには遅れて到着していた戦車の姿があった。

池田連隊長は、各戦車に弾丸と燃料の補充をさせた。後方の窪地に待機している軍医と衛生兵に負傷者の手当をさせた。

池田連隊長は、双眼鏡で敵情を探った。右手の訓練台から沓形台《くつがただい》にかけて敵兵が黒々と蠢《うごめ》いていた。前方の竹田浜方面からは、遅れて上陸してきた敵兵の一団が認められた。陽動作戦で中川湾方面に向かい、濃霧のため上陸できず引き返してきて竹田浜に上陸した第378狙撃連隊であった。

一旦は退却した四嶺山北斜面の敵は、戦車隊が引き揚げると、再び前進してきていた。その先端は四嶺山からおよそ500メートル地点に達していた。

ここで攻撃の手を緩めてはならないと思った池田連隊長は、再度の攻撃を仕掛けることにした。池田連隊長は、丹生《にう》勝丈《かつたけ》少佐の遺骸を砲塔に縛りつけて言った。

「丹生、貴様も俺と一緒に闘うんだ」

そばでその様子を見ていたある兵士は、「池田連隊長は丹生少佐と一緒に死ぬつもりだと思った」と後に語っている。

午前7時50分、戦車隊は第2次攻撃を開始した。およそ40輌に増えた戦車群は、池田連隊長の突撃命令のもと、再び男体山の山頂の右から東側の緩やかな斜面に踏み入った。

ソ連軍は、遅れて陸揚げされた対戦車銃１００丁、45ミリ対戦車砲4門と手榴弾多数を持っていた。戦車が正面から突進してくるとソ連兵はさっと逃げた。しかし、戦車が方向を変えると、ソ連兵は立ち止まり地に伏して、対戦車銃や45ミリ対戦車砲を構え、装甲の薄い戦車の横っ腹や後部を狙い撃ってきた。

ソ連兵のなかには、手榴弾を持って戦車に飛び込み、戦車の弱点である底部を爆破して自らの命を絶つ勇敢なつわものもいた。

四嶺山の東側斜面に前進した村上大隊の一部ならびに、竹下大隊、竹下大隊の隣りに布陣していて急ぎ北上してきた数田大隊（独立歩兵第293大隊）の一部も、戦車隊の勇戦に鼓舞《こぶ》されながら、戦車隊と連携してまたは独力で闘った。

戦車第2小隊長の篠田民雄《しのだたみお》中尉は、このときの戦闘について次のように語っている。


——わが戦車隊は、男体山の東側から敵陣に突入した。車の中からでは視野が限られる。私は砲塔から身を乗り出して敵の潜んでいる方向を探った。ハイマツやハンノキの間から敵兵の姿が動くのを見つけると、砲手に目標を指示して射撃させた。

突然、砲塔後部にある砲弾備蓄部分の近くに閃光《せんこう》が走った。弾が当たったのだ。砲弾が爆発していれば戦車もろとも私は吹っ飛ぶところだった。

霧の向こうから戦車の横手に敵兵が現われた。近すぎて機銃は使えない。私は砲塔の上から拳銃を撃ち、その敵兵を斃《たお》した。

近くにいた戦車第2中隊の宮家儀人大尉も、砲塔に出て小銃で応戦していたが、対戦車銃弾を左眼に受け、座り込むようにして戦死した——

占守島攻防戦の全貌
（8月18日午前2時～12時）

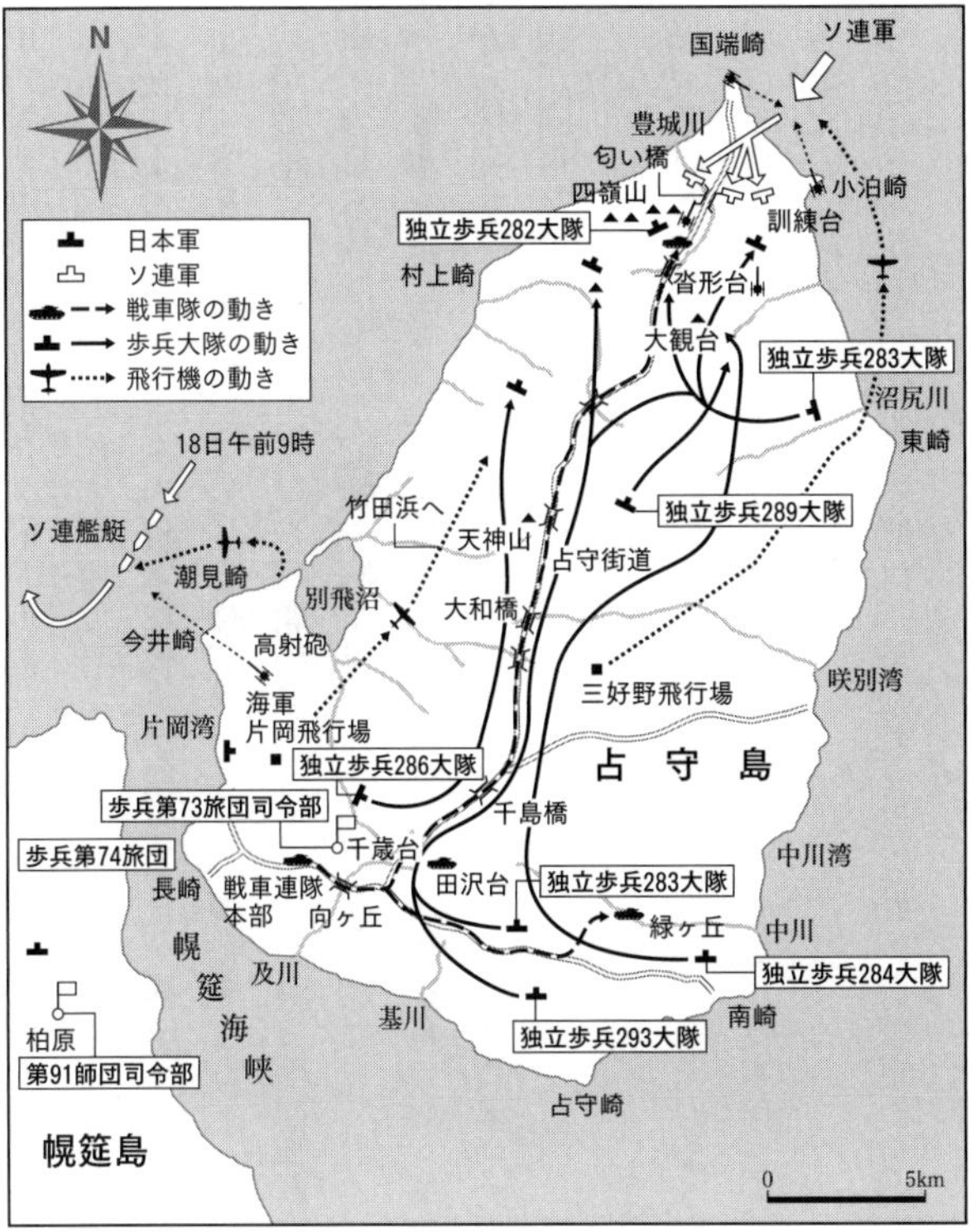

ソ連軍の対戦車銃は銃身が2メートルあり、一人で操作できた。対戦車銃を持ったソ連兵は、日本軍が掘ってあった蛸壺《たこつぼ》塹壕に身を潜め、近づく戦車の側面を狙った。対戦車銃によって、たくさんの日本軍戦車が擱座《かくざ》した。擱座した戦車からは将兵たちが軍刀、小銃、拳銃などを持って飛び降り、ソ連兵と肉弾戦をした。

ソ連兵が擱座した戦車によじ登り、開いている天蓋《てんがい》部分から手榴弾を投げ込んだ。すかさず戦車内の日本兵はその手榴弾を摑んで、外に投げ返した。

手榴弾は戦車を飛び降りたソ連兵のそばで爆発しソ連兵を斃した。手榴弾は安全装置を外してから爆発するまでに5秒ほどの間がある。ソ連兵は、無我夢中の戦闘のなかで、そこまで頭が回らなかったのであろう。

あるソ連兵は、砲塔から身を乗り出して機関銃を撃ってくる日本兵をみて、〈日本兵は小柄と思っていたが大きかった。大きな図体をした日本兵は悪鬼のような顔で、巧みに機関銃を操っていた〉と語っている。ソ連兵の抱く恐怖心が、日本兵を大きくみせ、恐ろしく感じさせたのであろう。

第6中隊第1小隊長吉原林八《よしはらりんぱち》中尉は、撃たれて燃え始めた戦車から降りて円匙《えんぴ》で土をかけて消火しているとき、敵兵に襲われた。吉原中尉は円匙を捨て、手に取った十字鍬《ぐわ》を揮《ふる》ってこの敵兵を斃した。しかし、次の瞬間、別の敵兵のマンドリン銃に撃たれ、吉原中尉は戦死した。

池田連隊長は数輌の戦車を率いて女体山の北側に向かった。そこには南側の中腹にある第3特殊監視隊（電波探知機部隊）を攻撃しているソ連兵たちがいた。戦車はそのソ連兵を攻めて退却させた。武器らしい武器を持たないで戦っていた第3特殊監視隊員は、全滅寸前で救われた。

奮戦中の連隊長車の側面に対戦車砲の一弾が命中した。鋼板を貫いた砲弾は弾薬の誘発を起こし、戦車は一瞬にして炎に包まれた。砲塔上の池田連隊長、戦車内の副官緒方静夫《おがたしずお》大尉、操縦手高橋厚《たかはしあつし》准尉、銃手牧野宗一《まきのそういち》兵長は、戦車と運命をともにした。

訓練台に進出した竹下大隊と数田大隊、幌筵島《ぽろむしるとう》から急行してきた樋口大隊は、戦車連隊を援護して銃砲撃を加えた。ソ連軍は、日本軍の猛攻に耐えきれなくなって後退しはじめ、多数の戦死者を放置したまま、12時ごろまでには竹田浜方面へ退却した。

戦車第11連隊の損害も大きかった。池田連隊長以下96名の将兵が戦死し、戦車21輌が擱《かく》座《ざ》した。

慈母的存在であった丹生勝丈指揮班長に続いて厳父的存在の池田末男連隊長を失った戦車兵たちは、大きな衝撃を受けた。

しかし、そのときの戦車兵たちは知らなかったであろう、士魂《しこん》連隊（戦車第11連隊）の先頭に立って闘う池田連隊長と丹生指揮班長の姿に励まされて自分たちが勇猛心を奮い起こし闘ったことを。そして、その戦車兵たちの姿に励まされた村上大隊や竹下大隊の将兵たちが、負けそうになっていた戦局を挽回《ばんかい》する勇猛心を奮い立たせたことを。

このときの戦闘で、日本軍将兵の手強《てごわ》さに恐怖心をいだいたソ連軍は、占守島深部への侵攻を断念したのである。

長島大尉の陸軍士官学校2期先輩の戦車兵であった村田毎木《むらたつぐき》氏は、鎮魂の文章「戦車兵の精華　北千島で終焉《しゅうえん》」のなかで、士魂連隊の壮烈な戦いを回想し、戦死した戦車隊将兵たちへ追悼の言葉を述べるとともに、以下の「戦車兵の歌」を手向《たむ》けている。5番まである中の2番と5番を紹介する。

戦車兵の歌

岩田義泰《いわたよしやす》（第53期）作詞
紙　恭輔　作曲

敵火雨注《うちゅう》もものかはと
歩兵の進路拓《ひら》きつつ
敵陣深く蹂躙《じゅうりん》す
これ有心《うしん》の弾丸ぞ
剛毅烈《ごうきれつ》たり皇軍の
精華《せいか》われらは戦車兵

五條の勅諭《おしえ》畏《かしこ》みて
大和魂の雄健に
全軍勝利の基ひらく
忠勇無双皇軍の

戦車連隊長、池田末男《すえお》大佐の人となり

池田連隊長は指揮官として優れた戦術眼、判断力、統率力を持っていた。もし池田連隊長が即座に攻撃を開始することなく、後続部隊の到着を待っていたら、戦略的要衝である四嶺山はソ連軍に奪われていたであろう。ソ連軍の士気はあがり、以後の戦いで日本軍は受け身になっていたであろう。

しかし、池田連隊長は勝機を逸しなかった。将兵数の圧倒的に多いソ連軍に臆することなく攻めに攻めた。戦車隊の将兵たちは、池田連隊長の掲げた「大和民族の防波堤となり、歴史にその名を留める」という戦さの大義を信じて戦った。

陸軍士官学校第34期の池田末男連隊長は、陸軍士官学校教官、陸軍騎兵学校教官、公主《こうしゅ》嶺《れい》陸軍戦車学校教官、四平《しへい》陸軍戦車学校教官と教育畑《ばたけ》を歩んできた。多くの教え子が、池田教官の厳しいなかにも情愛のある指導に心服し、その人柄を敬愛した。

公主嶺陸軍戦車学校に在任していたときの池田教官の指導ぶりを示す逸話がある。

公主嶺陸軍戦車学校は、戦車小隊・中隊を指揮する隊長を養成する学校であるが、ある日の中隊指揮訓練が終わった後、池田教官は指揮官役を務めた学生に、

「演習中どうしてあんな行動を部下にとらせたか」

と問うた。学生は応えてその意図を説明したが、

「泥棒にも三分の理」

と切って捨てた。

すると、学生は軍刀に手をかけ、

「何を！」

と叫んで池田教官を睨《にら》みつけた。その場に緊張が走った。

教官室に戻った池田教官は、

「いい男がいるねえ。軍刀を抜きかかったが、奴は見所《みどころ》がある。ああいうのは頼もしいなあ」

と言った。時に上官と部下の関係を超えて軍人魂のぶつかり合う関係を池田が大事にした一例である。

こんな逸話もある。

池田が公主嶺陸軍戦車学校の校長代理をしていた頃のこと、校舎内のいたるところに「火気厳禁」の張り紙があった。それを見た池田は、

「軍隊で一度禁じたら、厳禁とただの禁とに差があってはならない。火気禁で十分」

といった。ひと晩で張り紙が「火気禁」に替わった。

池田末男連隊長が来嶌《くるしま》則和《のりかず》大佐と交替して占守島の守備についたのは、昭和20年1月24日であった。池田連隊長は、すぐに前線視察を行なった。

その案内役を命ぜられた戦車連隊第3中隊第3小隊長の内《うち》田《だ》弘《ひろし》見習士官は、そのときに思いがけなく掛けられた池田連隊長の情けを、後に時国《ときくに》範夫《のりお》見習士官が書いた手記「戦車連隊と池田連隊長の思い出」のなかでこう語っている。

――池田連隊長が初めて前線視察に行かれたときに、私は案内役を命ぜられ、乗馬して随行しました。連隊長は騎兵出身で馬術も達人、私は従《つ》いて行くのに四苦八苦でした。

第2中隊の視察後、第3中隊に向かう途中に小川があり、連隊長は軽々と越えて行かれましたが、私は飛び越しに失敗し、そのうえ落馬して、葦《あし》の中を4、50メートル引きずられました。

私が倒れているのに気付いた連隊長は、戻って来られて私とともに葦の中を、私の落とした眼鏡、軍刀、ボタン等を探して下さいました——

この手記を書いた時国範夫見習士官は、戦車連隊本部に勤務して主計（経理担当）の任にあたっていたが、池田連隊長は時国見習士官が学徒兵であることを知って、こう語ったことがあった。

「在学中の大学生まで動員せねばならぬほど戦火を拡大した軍上層部は間違っている。大学生はその知識を生かして国のために貢献すべきである」

池田連隊長は、〈命を懸けて戦いわが国を守るのは、使命感に燃えるわれわれ軍人である。学問に専念し学問によって国家に貢献するのは大学生である。その大学生の本分が発揮できないような立場に追い込むことは、国家にとって大きな損失である〉と考えていたのであろう。

池田連隊長と同じような考えを持っていた佐官や将官は、ほかにいたかも知れない。しかし、戦いに勝つことに全力を傾注しなければならない軍隊という組織のなかにあって、組織の上層部の考え方に疑問を抱かせ志気を削《そ》ぎかねないことを部下に語るほどざっくばらんな佐官や将官は滅多にいなかったであろう。

召集された学生出身の兵卒や下士官のなかには、学歴の低い上官に嫉妬され過度の制裁を受けた者が少なからずいた。そういう兵卒や下士官は、制裁をした上官個人に対する恨みにとどまらず、軍隊そのものに対する恨みを抱いて戦後を迎え、自分の学識と人格を正当に評価しなかった軍隊や日本国に対する恨みを根底にした思想を開陳したり言論活動を行なったりして、日本の社会に好ましくない影響をしばしば与えた。そのことを思うと、池田末男大佐の見解には傾聴すべき一面の真理がある。

南進を中止したソ連軍司令部の判断

戦車連隊は、連隊長と中隊長、小隊長の半数以上を失った。戦車連隊の指揮は、第4戦車中隊の伊藤力男《いとうりきお》大尉が執ることになった。

戦車兵たちは、激しい戦闘のなかで隊長たちや同僚たちが斃《たお》れていった姿をそれぞれの眼のうちに焼き付けた。そして、〈これから直ちに隊長や戦友たちの仇《かたき》を討つのだ〉と、気持ちを昂《たか》ぶらせ、「直ぐに攻撃を」と伊藤大尉を促《うなが》した。

しかし伊藤大尉は、逸《はや》る部下を宥《なだ》め、戦死した将兵の収容、負傷者の手当と残存戦車の損傷部分の点検修理をさせ、燃料や弾丸の補給を行なわせた。

伊藤大尉は、ひと呼吸おいてから、再び戦闘を開始するつもりであった。

そこへ、幌筵島《ぽろむしるとう》・柏原《かしわばら》の師団司令部から、再度、「16時までに戦闘を停止せよ」との命令が大観台《だいかんだい》の旅団司令部に届いた。その命令は、前線で戦っていた村上大隊、竹下大隊、数田大隊、戦車連隊に伝えられた。

戦闘停止命令に従い、日本軍の前線部隊は攻撃の手を緩《ゆる》めた。日本軍は損害を避けるため、四嶺山方面においては南側斜面に後退し、占守街道東側においては訓練台の線まで後退した。

日本軍の後退をみたソ連軍の第138狙撃連隊は女体山の北側斜面、海軍歩兵大隊は男体山の北側斜面まで、第３７３狙撃連隊は訓練台方面までそれぞれ進出した。

しかし、ソ連軍は四嶺山と訓練台を結ぶ線から南に進むことはできなかった。第３７３狙撃連隊が南下しようとすると、訓練台付近に散開している数田大隊（独立歩兵第２９３大隊）や竹下大隊（独立歩兵第２８３大隊）から砲弾や機銃弾が飛んできたからである。

また、ソ連軍は四嶺山の南側に優れた機動力と攻撃力を持つ戦車群が待ち受けていることを知っていたので、四嶺山全体を占領することもできなかった。

ソ連軍司令部は、戦いの初《しょ》っ端《ぱな》で受けた日本軍の想定外の猛攻にたじろいでいた。仮にソ連軍が多大な犠牲を払って南進したとしても、占守島の中央部から南部にかけて待ち受けている日本軍の主力部隊との戦いに勝ち目はないというのが、ソ連軍司令部の判断であった。

いち早く女性たちを脱出させた司令部の英断

オホーツク海の海域は、サケ・マス・ホンダラ・スケトウダラ・ニシン・ズワイガニなどが獲《と》れる世界有数の好漁場である。

これらの魚は網や延縄《はえなわ》、また一本釣りで獲った。魚がたくさんいたので、「1本の糸で4貫（約15キログラム）のタラを3匹釣った」という漁師もいた。

餌をつけた糸を海に下ろすと、たちまちタラが大きな口を開けてがぶりと呑み込む。呑み込んだ勢いでその餌が鰓《えら》の外に出てしまう。その餌に、もう1匹のタラが食いつくというわけである。

ソ連と漁業協定を結んでいる日本は、この北洋漁場に母船とそれに随伴する数十隻の独航船（漁船）からなる船団群をいくつも入れて漁労活動を行なっていた。

獲れた魚類は海上にとどまる母船のなかで処理加工され、海路と陸路を使って東京をはじめとする大都市に送られていた。

母船による処理加工では追いつかないほど多く獲れた魚類は、占守島、幌筵島その他の島にある日魯《にちろ》漁業や大洋《たいよう》漁業の工場で缶詰製品にされた。それらの工場で、春から夏にかけておよそ2万人の従業員が働いていたことはすでに述べた。

昭和20年5月、厳しくなった国内の食糧事情を緩和しようとする政府と軍部の要請を受けた日魯漁業は、２１００人の挺身《ていしん》隊員を募集した。応募者のなかには、根室《ねむろ》・釧路《くしろ》・函《はこ》館《だて》出身の若い女性たちが大勢いた。女性たちは、お国のため危険を顧みず、北千島にやってきて缶詰工場で働いた。

師団司令部は、玉音放送のあった翌8月16日、幌筵海峡の占守島側にある日魯漁業長崎工場で働いていた女子従業員約400人を近くの横穴式防空壕に集めた。

18日の早朝、敵が竹田浜に上陸し戦闘が始まり、やがてその敵がソ連軍であると知ったとき、師団司令部の幹部たちは、〈女子従業員を早く引き揚げさせなければ不幸なことが必ず起きる〉と考えた。幹部たちは、ソ連軍が侵攻してきた満州で、ソ連兵が日本の民間人の持ち物を奪い、婦女子に暴行を加えていることを知っていた。

18日の午前9時ごろ、女子従業員たちは、北の方向に高射砲音が連続的に轟くのを聞いた。ソ連の軽巡洋艦、海防艦が潮見崎《しおみざき》沖を通り片岡湾方面に向かいつつあるところを今井崎《いまいざき》の砲兵隊が砲撃した音であった。

午後3時、柳岡武《やなぎおかたけし》参謀長が発した内地への引揚げ命令に従い、女子従業員の保護任務にあたっていた沢田八衛《さわだはちえ》大尉は、女子従業員を22隻の独航船に分乗させた。

女子従業員の乗った22隻の独航船が出航したのは、師団司令部が全軍に停戦命令を出した30分後の午後4時30分であった。

独航船は、運良く発生してきた海上を覆《おお》う霧に包まれて南下し、5日後に無事、根室港に入港した。

堤師団長が降伏文書に調印した8月22日以降、幌筵島に上陸してきたソ連兵たちは「女がいるはずだ」と探し回ったが、一人も見つけることはできなかった。

第5章　軍使・長島厚大尉

停戦命令下《くだ》る、だが戦闘はつづく最前線

幌筵島《ぱらむしるとう》の柏原《かしわばら》にある第91師団司令部で参謀部付として任務についていた長島厚《ながしまあつし》大尉は、8月18日午前6時、堤《つつみ》師団長から「大観台《だいかんだい》の歩兵第73旅団司令部に行き、杉野巌《すぎのいわお》旅団長の作戦指導を補佐せよ」と命じられた。

長島大尉は、1年前、池田末男《いけだすえお》戦車連隊長の前任である来嶋則和《くるしまのりかず》戦車連隊長に従い、占守島《しゅむしゅとう》の実地調査をしたことは、すでに述べた。

そのときの長島大尉の緻密で的確な補佐ぶりを、柳岡武《やなぎおかたけし》参謀長が知っていて、「前線司令部の杉野旅団長の補佐に長島大尉を」と堤師団長に進言したのである。

柳岡参謀長は、占守島《しゅむしゅとう》の地理に明るい長島大尉が歩兵第73旅団司令部の参謀たちのなかに入り、杉野旅団長の手足となることを期待していた。また、長島大尉ならば、作戦行動をとり始めている戦車連隊との意思疎通も図りやすいであろうと考えていた。

ここで、少し脇道に入る。

北千島4島を守備する第91師団の連隊長クラス以上の佐官のなかには、その任に相応《ふさわ》し

からざる者がいた。私情に囚《とら》われて総合的判断ができないのではなかろうかと、日ごろの言動から部下に疑われるような指揮官である。

彼の命令に従わねばならない部下たちは、〈この指揮官は、平時はともあれ、戦いが始まったときに的確な判断を下すことができるだろうか〉という疑心を抱いていた。

指揮官の判断のミスや決断の躊躇《ためら》いは、失わずにすむ将兵の命を失わせる。味方の敗北を招く。将兵にこのような疑心を抱かせるような指揮官のもとで、将兵は勇猛心を奮い起こすことはできない。

天の配剤であったのだろうか、堤師団長の決断であったのだろうか、そうした指揮官のひとりであるX佐官が、昭和20年に入って早々に、内地へ異動することになった。

異動命令を堤師団長から受けたX佐官は、内地の食糧事情が悪くなっていることを伝え聞いて、軍の備蓄倉庫から米をはじめとする食糧を部下に命じてトラック1台分積み込ませ、早々と船舶で内地に送ってしまった。

そのことを知った将兵たちは、〈われわれの命をつなぐ大事な食糧をごっそり持ち出しやがって〉と怨嗟《えんさ》の目を向けた。しかし、心はすでに占守島から遠い内地にあるX佐官は、部下の白い目など意に介することなく、「わが身の移動は飛行機で」と航空部隊に要請した。

北千島守備についていて飛来するアメリカ機の爆撃により重傷を負った将兵たちは、輸送船で北海道の病院に移送されていた。その輸送船は、昭和19年の後半以降、頻繁《ひんぱん》に撃沈されるようになった。X佐官は、そのことを知っていたので、安全な航空機での移動を要請したのである。

そのことを知った堤師団長は激怒し、X佐官に「航空機を使うなど言語道断《ごんごどうだん》である。船で行け」と命じた。X佐官が乗った輸送船は、北海道に向かう途中、アメリカ潜水艦に攻撃され海の藻屑《もくず》と消えた。X佐官は、船と運命をともにした。

長島大尉は、柏原港から大型発動艇（通称大発《だいはつ》）で幌筵海峡を渡り、占守島の長崎《ながさき》港に上陸した。港で待機していたトラックに乗った長島大尉は、占守街道を北上した。

北上するにつれて、遠雷のように微《かす》かに聞こえていた日本軍砲兵隊の陣地から撃ち出す野砲や高射砲や速射砲の砲撃音は、少しずつ大きくなってきた。

その砲撃音が尾骶骨《びていこつ》にズシンと応えるほど大きくなった頃、長島大尉は大観台《だいかんだい》の旅団司令部に入った。午前10時ごろであった。

半ば地下壕になっている旅団司令部本部では、旅団長杉野少将を中心に、幕僚や通信兵たちが、ぴりぴりする空気のなかで立ち働いていた。

長島大尉は、参謀将校から戦況を知らされた。訓練台《くんれんだい》と大観台のあいだを結んでいる有線通信線は、ソ連軍の攻撃を受けて切断されていた。3波にわたって竹田浜《たけだはま》に上陸し四嶺《しれい》山《ざん》方面と訓練台方面に浸透してきたソ連軍の兵力は、7000名から8000名と推定された。

四嶺山方面では、歩兵大隊と戦車連隊の奮戦によりソ連軍に多大な損害を与えたが、戦車連隊の損害も大きかった。戦車第11連隊連隊長の池田大佐をはじめ、指揮班長丹生勝丈《にうかつたけ》少佐、戦車連隊第1、2、3、5、6中隊の隊長たち、すなわち船水達夫《ふなみずたつお》大尉、宮家儀人《みやけよしと》大尉、藤井和夫《ふじいかずお》大尉、古沢薫《ふるさわかおる》中尉、小宮要《こみやかなめ》大尉がすべて戦死し、生き残った第4中隊長伊藤力男《いとうりきお》大尉が戦車連隊の指揮を執っていることを長島大尉は知った。池田大佐は満州の公主嶺《こうしゅれい》陸軍戦車学校の大先輩であり、中隊長たちは、士官学校時代以来の同輩であった。

長島大尉は大きな衝撃を受けた。

南下を試みたソ連軍は訓練台を突破して大観台に向かおうとしたが、竹下《たけした》大隊がこれを押し返し、目下、訓練台付近で対峙《たいじ》していることも長島大尉は知った。

木下不二夫《きのしたふじお》軍医少佐をはじめとする軍医たちと衛生兵は、訓練台や沓形台《くつがただい》の戦闘で負傷した将兵の応急処置に忙しかった。杉野旅団長は、ソ連軍の第4波上陸もあることを予期して、師団司令部にさらなる援軍を要請した。

大観台を守備している将兵たちは、トラックや担架《たんか》で次々と搬送されてくる頭部を包帯でぐるぐる巻きにされた負傷兵たちの姿を見、呻《うめ》き声を聞いて、〈ロスケ（ソ連兵）を竹田浜まで追いつめ、水際《みずぎわ》で殲滅《せんめつ》せずにおくものか〉と目に見えぬソ連軍に対する敵愾心《てきがいしん》を燃やしていた。

しかし、正午前、第5方面軍（在札幌）の司令官樋口季一郎《ひぐちきいちろう》中将から、柏原の師団司令部に戦闘中止命令が届いた。その命令を受けた堤師団長は、麾下《きか》の各旅団長・大隊長に「18日16時をもって攻撃を中止し、防御に転移すべし」との命令を発した。

だが、その命令は前線にあって中隊・小隊・分隊単位で戦闘をしている将兵たちに届くはずもなく、戦闘は各所で続けられた。

停戦交渉の軍使に任命された長島大尉

18日の午後1時ごろ、堤師団長から杉野旅団長のところに、「ソ連軍司令部と停戦交渉をせよ。停戦交渉の軍使は、長島大尉をこれにあてよ。長島大尉は、ソ連軍の前哨線《ぜんしょうせん》に入る前に、前線の各部隊をまわり被害局限の措置をとるべし」との命令文書が届いた。

被害局限の措置をとるとは、師団司令部がソ連軍との停戦交渉に入ることを第一線の部隊に周知徹底させ、その妨げになるような積極的攻撃を控えて損害をできるだけ出さないようにするという意味である。

このまま両軍の戦いが続くならば、たくさんの将兵が死傷することは間違いない。その戦いを停めるための交渉をソ連軍側と行なう任務を堤師団長から与えられたことに、長島大尉は感奮した。

長島大尉は、南樺太に侵攻してきたソ連軍が、戦時国際法を無視して、日本の民間人が避難している地区一帯を無差別砲撃したことを知っていた。また、南樺太の守備にあたっていた第88師団が、ソ連軍と停戦交渉をするために送り出した軍使2名をソ連軍が射殺していることも聞いていた。

日ソ中立条約を破って満州・樺太に攻め込み、ポツダム宣言受諾後も北千島に侵攻してきたソ連である。戦時国際法など知らないソ連軍兵士が、白旗を掲げてやってくる日本軍将兵を射殺して不思議でない。

長島大尉の心の中にも〈わが身の死〉は思い浮かんだ。しかし、それは一瞬のことであった。それよりも、堤師団長から大任を与えられた光栄と、何としてでも軍使の任務を全うするのだという責任感は、長島大尉の体を熱く火照《ほて》らせた。

午後2時、軍使長島大尉は、停戦文書を図嚢《ずのう》に入れ、大観台《だいかんだい》の旅団司令部を出発した。長島大尉に随行したのは、木下末一《きのしたすえかず》少尉、成瀬常吉《なるせつねきち》曹長、鈴木孫右衛門《すずきまごえもん》一等兵（伝令）、牛谷功《うしたにいさお》通訳（日魯《にちろ》漁業の従業員）であった。

成瀬曹長は、長島大尉が一年前、北千島の実地調査をしたとき二カ月のあいだ行動を共にした気心の知れた部下であった。鈴木一等兵は、長島大尉が師団司令部に入って以来、身のまわりの世話をしてきた当番兵であった。

軍使を護衛するために、歩兵第284大隊第3中隊から抽出された般林南岳《はんばやしなんがく》少尉の率いる2個分隊の兵士があてられた。第1分隊（13名）の分隊長は板垣弘《いたがきひろし》軍曹、第2分隊（13名）の分隊長は石川潔《いしかわきよし》伍長であった。

般林少尉は、学徒出身の応召兵であった。応召兵が見習下士官に昇進することはあるが、少尉にまで昇進することは滅多にない。般林少尉は、並外れた胆力と統率力を持っていた。

一方、板垣軍曹は生《は》え抜きの分隊長であり、満州で匪賊《ひぞく》と戦い死地をくぐってきた経験を持つ古参兵であった。実戦の経験を持たない般林少尉は、板垣軍曹に引け目を感じていた。それだけに、自分は優れた隊長であることを部下たちに示さねばならぬという気負いがあった。その気負いが、般林少尉に死をもたらすことになる。

長島大尉の一行32名は、前部がタイヤで後部がキャタピラになっている兵員輸送車2台に分乗して、大観台を出発した。

占守街道に入り少し北上したところで、長島大尉たちは、独立歩兵第289大隊の一団に出会った。白旗を掲げた長島大尉一行を見た将兵たちは、兵員輸送車の前に立ちふさがった。

停戦交渉に向かうところであることを知ると、10人くらいの将兵が長島大尉の乗った兵員輸送車の周りに寄ってきた。そのうちの一人が、兵員輸送車から降りた長島大尉にギラギラ光る眼差《まなざ》しを向け、

「戦友がたくさん戦死した。われらに反撃をさせぬうちに、停戦交渉に行くとは何事か」

と詰問した。兵士のなかには、長島大尉に銃口を向ける者もいた。戦闘の最中《さなか》にある将兵たちの気持ちは昂《たか》ぶっていた。長島大尉は、殺気をふくんだ目で睨《にら》みつける将兵たちをゆっくりと見回し、諭《さと》すように説明した。

「わが軍にこれ以上の被害を出さないためには、ここで戦《いくさ》の鉾《ほこ》を収めるのが最善である。堤《つつみ》司令官は本日16時をもって停戦する決断を下された。私は堤司令官の命により、これからソ連軍との停戦交渉に赴《おもむ》くのである」と。

穏やかな口調のなかに不退転の決意を秘めた長島大尉の説得に気勢を削《そ》がれた将兵たちは、しぶしぶ軍使一行に道をあけた。

独立歩兵第289大隊の陣地から少し先で、長島大尉たちの輸送車は占守街道を右に逸《そ》

れ、ゆるやかに起伏する草原に入った。兵員輸送車は、湿地やハイマツ・ハンノキの藪《やぶ》を避けながら草原を進んだ。

軍使一行、最前線の四嶺山《しれいざん》へ

一行がおよそ1キロメートル進んだとき、突然、敵の攻撃を受けた。その1弾が兵員輸送車の荷台に立つ長島大尉の横をかすめていった。訓練台の北側に進出してきていたソ連軍が、大勢で移動する一行の姿を認めたのであろう。

難所をなんとか切り抜けた長島大尉たちは、訓練台の右翼に布陣する独立歩兵第293大隊第4中隊の陣地が近いと思われる窪地で兵員輸送車から降りた。

長島大尉たちは、ゆっくり斜面を登り陣地を目指した。第4中隊の主力は長く延びる陣地のなかにいた。長い陣地の後方には、重機関銃隊の塹壕や、一人から数人がこもる蛸壺《たこつぼ》塹壕がいくつもあった。

その蛸壺塹壕の一つから顔を出して振り向き、近づいてくる長島大尉一行を見た一人の兵士が、

「おい、板垣《いたがき》じゃないか」

と声をかけてきた。

「おお、大橋《おおはし》か」

と板垣弘軍曹が応じた。板垣軍曹と同期入隊し、満州でともに匪賊と戦った戦友の大橋軍曹であった。

大橋軍曹は、ソ連軍が訓練台の南数百メートル一帯に進出してきていること、訓練台の稜線付近に展開している歩兵第283大隊第1中隊はソ連軍の先端と肉弾戦を行なって撃退し、今は100メートルほどの距離を隔てて睨み合いの状態にあることを長島大尉に知らせた。

長島大尉は、伝令を介して第293大隊第4中隊の中隊長久保《くぼ》中尉に、〈敵の進攻があって反撃するのはやむを得ないが、こちらから積極的に攻撃することは控えるように〉との堤司令官命令を伝えた。

ソ連軍の最前線と100メートル隔てて対峙《たいじ》する歩兵第283大隊第1中隊（隊長・西《にし》川《かわ》中尉）の陣地まで歩いていくのは危険であると判断した長島大尉は、堤司令官命令を伝

前線基地の塹壕で戦っている大橋軍曹と別れの挨拶を交わし、前進する軍使一行。左から成瀬曹長、長島大尉、板垣軍曹。戦後、当時の様子を想い起こし、大橋氏が描いて長島氏に贈った絵

達してもらいたいと第4中隊長に要請した。

訓練台での伝達任務を終えた長島大尉は、部下を率いて次の目的地である四嶺山の南側に展開する第一線諸部隊の陣地に向かった。

般林《はんばやし》少尉の最期

長島大尉たちが乗った兵員輸送車が、訓練台の南側をすぎて窪地にさしかかったときだった。突然、ドーン、バリバリ、ダダダダという射撃音が右手から沸き上がり、間を置かず一行の周りに砲弾の炸裂音と銃弾の飛びすぎるシュシュという音がした。

訓練台の北側に浸透しているソ連軍が、移動する大きな標的に向けて速射砲、迫撃砲、重機関銃の猛射を浴びせてきたのだった。

長島大尉たちは、兵員輸送車から飛び降りて大地に身を伏せた。ソ連軍の猛射に対抗して、訓練台や後方の大観台に布陣する日本軍も砲撃を始めた。32名の軍使一行は、敵味方から飛来する銃砲弾のシャワーの真っ只中に入った。

速射砲弾は弧を描いて飛来してきて地面に落ちて炸裂する。重機関銃弾はまっすぐ飛び去る。身を伏せればある程度避けることができる。

しかし、迫撃砲弾は耳をつんざく轟音とともに上空で破裂して無数の鉄片を広い範囲に降らせてくる。身を伏せていても避けようがない。被弾したら運がなかったと諦めるしかない。

連続的に発射される銃砲弾には、しばし途切れる間があった。長島大尉は、途切れたとみるやバネのように飛び起き低い姿勢をとって突っ走り、次の銃砲弾の猛射が始まると感じた瞬間に身を伏せた。

長島大尉は、《本能》の命ずるままに走り、身を伏せた。恐怖感はなかった。軍使としての任務を果たす、その一念のみがあった。

戦闘経験のある小隊長や中隊長のなかには、危険を予知する《本能》を持つ者がいる。彼らは、前線で敵と対峙しているとき、〈ここにいると危ない〉という《本能》がはたらき、はたらいた瞬間、部下を率いて少し離れた別の場所にするすると移動する。間をおかず、先ほどまでいた地点に敵の集中砲火が浴びせられる。それを見た部下は、〈この隊長に従《つ》いていけば、死なずにすむ〉と全幅《ぜんぷく》の信頼を置く。

このような歴戦の隊長が戦場で発揮する《本能》を長島大尉も持っていたのであろう。しかしながら、数時間前に編成されたばかりの護衛兵たちの身を守るまでの余裕は長島大尉にはなかった。守ることのできる状況でもなかった。長島大尉に続く将兵たちは、それぞれの判断で時に走り、時に伏せた。将兵たちはいつしか各自の判断で行動していた。

そのなかにあって、成瀬曹長と鈴木一等兵は、長島大尉にぴったり従《つ》いてきていた。日ソ両軍の銃砲弾が飛び交う低地を走り抜けた長島大尉は、成瀬曹長と鈴木一等兵とともに豊城川《とよしろがわ》にかかる匂《にお》い橋を渡り、戦車連隊の集結地である四嶺山の南側山麓に辿《たど》り着いた。

木下少尉、板垣軍曹、石川潔伍長をはじめとする護衛隊員たちも硝煙と泥で汚れた顔で次々と到着した。そこで長島大尉はしばらく待ったが、般林少尉と護衛隊員の約半数、牛谷通訳は、ついに姿を現わさなかった。

板垣軍曹の語るところによれば、目の前を行く般林少尉は、銃砲弾の猛射のなか身を伏せることなく悠然と歩いていたそうである。

「少尉殿、危ないから伏せてください」

と板垣軍曹が叫ぶと、般林少尉は、

「俺には弾は当たらないんだ」

と応じていたという。

長島大尉は、〈般林少尉は自分が勇気ある隊長であることを部下にみせようという気負いがあったのだろう。その結果、わが命を失っただけでなく、少尉に従って行動した部下たちの多くの命まで奪うことになってしまった〉と思いつつ、瞑目《めいもく》合掌して悼《いた》んだ。

軍使の目印となる白旗を持っていた護衛隊員は、

「白旗は、被弾や硝煙《しょうえん》による損傷が激しく白旗としての役目を果たすに耐えないものとなったので捨てて来ました」

と長島大尉に報告した。

大きな白旗は、敵の格好の標的になったであろう。よくぞ命を失わなかったものである。長島大尉は、大事な白旗を捨てた護衛隊員を叱責する気になれなかった。

戦車連隊指揮官となった伊藤《いとう》大尉との再会

長島大尉は、前方の霧の切れ目に戦車群を見た。戦車は、それぞれ10メートルほどの間隔をとり、砲塔を外に向け大きな円を描くように並んでいた。戦車30余輌がつくる輪形陣地であった。

長島大尉たちは、戦車の輪形陣地に近づいた。戦車の周りには戦車兵と戦車の整備にあたる車外員たちがいた。戦車の内側には、戦闘で破損故障した戦車を整備復旧するのに必要な機具を積んだ装甲兵員輸送車や、将兵の腹を満たす烹炊車《ほうすいしゃ》がみられた。戦車連隊は、次の戦闘に備えるための整備点検と弾丸の補充を終え、いつでも出撃できる態勢をとっていた。

長島大尉は、戦死した池田連隊長に代わって戦車連隊を指揮している伊藤力男大尉を探した。伊藤大尉と長島大尉は、陸軍士官学校時代の同期生であった。ともに満州の公主嶺《こうしゅれい》陸軍戦車学校に入学し戦車指揮官としての訓練に励んだ仲であった。

その後、長島は戦車第4連隊に所属し、伊藤は戦車第5連隊に所属していたが、ほぼ同時期に第91師団に転じて、来嶌《くるしま》戦車連隊長が行なった占守島の地形調査にも、ともに同行していた。

何輌目かの戦車に近づいたとき、聞き覚えのある声が響いてきた。部下にてきぱきと指

示を出している伊藤隊長であった。長島大尉の姿を見た伊藤大尉は、

「おう」

と挙げた右手を、長島大尉に差し出してきた。長島大尉は、

「お前、よく生きとったなぁ」

と伊藤大尉の硝煙に汚れた手を握った。

一年前の占守島の地形調査で一緒だったときの穏和な顔と柔和な眼を持つ伊藤大尉は、引き締まった顔と鋭い眼を持つ戦車連隊指揮官に変わっていた。長島大尉はその変容ぶりに瞠目した。

長島大尉は、伊藤大尉に停戦交渉の意図を伝えるとともに、軍使の身の安全を確保し、停戦交渉を円滑に行なうためにも、積極的な攻撃を控えるよう要請した。

長島大尉は、戦車隊と行動をともにしている工兵1個中隊の指揮官泉広利《いずみひろとし》少佐にも会い、伊藤隊長と協力して被害局限の措置をとるよう懇請した。

一行の生存者9名、うち3名で敵陣へ

長島大尉は、木下少尉、成瀬曹長、行方不明になった般林少尉に代わって護衛隊長となった板垣軍曹、生き残りの護衛隊員たちの8名を率いて、戦車連隊の輪形陣地を後にした。占守《しゆむしゆ》街道に出たところで、一行は、街道脇に窪地を見つけて小休止した。

ここから先は、敵陣である。9名が同時に行動すると、日本軍の尖兵《せんぺい》と勘違いしたソ連軍の集中砲火を浴びせられ全滅しかねない。〈それでは自分の任務を果たすことができない〉と思った長島大尉は、隊員たちに、

「このまま前進すると、損害のみが増加してわれわれの任務達成はおぼつかない。ここからは、私ひとりで進み任務を全うしたい。木下少尉は全員を率いて大観台に帰り、杉野旅団長にこれまでの経緯を報告せよ」

といった。

長島大尉の命令を聞いた成瀬曹長は、即座に、

「これまでどおり、大尉と行動をともにさせてください。死ぬときは一緒に死なせてください」

と申し出た。

間を置かず、板垣軍曹は、

「私は部隊長から軍使の護衛を命ぜられています。般林小隊長の代理として行動を共にさせてください」

と身を乗り出した。

長島大尉には、日本軍を代表し停戦交渉をする軍使としての大きな任務がある。板垣軍曹と成瀬曹長にそれはない。長島大尉の命令に従って自陣に戻る道を選ぶほうが、命を永らえる可能性が高い。

しかし、二人は自分の命を長島大尉に預ける決意を示したのである。長島大尉は、二人の真情を察し嬉しく思い同行を許した。長島大尉は、後退する木下少尉たち６名を見送った後、成瀬曹長、板垣軍曹を従えて占守街道を北上した。

長島大尉は、〈この占守街道を進めば、必ずソ連軍の小哨《しょうしょう》（敵の突然の攻撃を警戒して主力部隊の前方や側方の要点に配置される小隊以下の員数の部隊）に遭遇するであろう〉と思いながら、後に続く成瀬曹長、板垣軍曹とそれぞれ５メートルくらいずつの間隔をあけて進んだ。

進む途中で、塹壕に身を潜めて敵と対峙している友軍の歩兵小隊に会った。塹壕の一つに、白兵戦で捕虜にしたソ連兵が一人、両手を縛られて座っていた。

長島大尉は、〈敵の小哨に出会ったとき、ソ連兵を連れていたほうが、何かと話が通じやすい〉と思った。長島大尉は、停戦交渉のためにソ連軍の前線基地に向かっていることを小隊長に伝え、捕虜を案内役として貰《もら》い受けたいと言った。小隊長は快く承知した。

塹壕から引きずり出されたソ連兵は〈殺される〉と思ったのか、恐怖の色を顔に浮かべた。長島大尉は、身振り手振りで、〈私は君に危害を加えるつもりはない。私は停戦交渉のために君たちの司令官に会うパルラメンチョール（軍使）である〉ということを分からせようとした。

ソ連兵は、長島大尉の言わんとすることがどの程度分かったか怪しいが、少なくとも長島大尉に殺意のないことは察したらしく、「ダー、ダー」（分かった、分かった）といって頷き、表情を和《やわ》らげた。

ソ連兵に拘束される軍使一行

長島大尉が先頭になり、成瀬曹長と板垣軍曹が前と後ろからソ連兵をはさむ態勢をとった一行は、足音を忍ばせ、少しの物音も聞き漏らさぬよう気を張り詰めながら占守街道をゆっくりと進んだ。

30分ほど進んだとき、前方の暗闇のなかから話し声が聞こえてきた。長島大尉たちが、声のするほうへ音を立てぬように匍匐《ほふく》していくと、小高い丘の茂みのそばに屯《たむろ》している数名のソ連兵の姿が見えた。

警戒任務にあたっているソ連軍の小哨と判断した長島大尉は、同行しているソ連兵に、再び身振り手振りを用いて、〈ソ連軍の将校に会いたいと言ってほしい〉と頼んだ。長島大尉の頼みを理解したソ連兵は、

「ヤポンスキー（日本兵）が、わが軍の将校に会いたいと言っている」と大声で叫んだ。

その途端、ソ連兵は、長島大尉たちに一斉射撃を浴びせてきた。ソ連兵は、暗闇のなかの予想もしない近距離から「ヤポンスキー……」という怒鳴り声があがったので、〈日本兵がここまで攻めてきた〉と驚愕し、射撃したのであろう。

素早く道路の側溝《そっこう》に身を伏せた長島大尉は、ポケットから取り出した白いハンカチをかざし、戦う意思のないことを示した。それを見たソ連兵たちは肉薄してきて、長島大尉たちの3、4メートルほど手前で止まり、マンドリン銃を腰に構えながらダダダダダと撃ってきた。

銃弾は、長島大尉たちの左右や頭上をシュッ、シュッ、シュッと鋭い音を立てて飛びすぎた。その1弾は長島大尉の軍服の左肩をこすって飛び去った。長島大尉は〈もう駄目か〉と観念した。

マンドリン銃の乱射は、30発ほどで止んだ。ソ連兵たちは、日本兵が無抵抗であることを知ると、一斉に飛びかかって来た。

長島大尉は、ソ連兵に後ろ襟《えり》をわしづかみされ側溝から引きずり出された。長島大尉は着用していた軍刀、図嚢《ずのう》をはじめとする軍装品から腕時計や軍袴《ぐんこ》（ズボン）のベルトにいたるまで、あっという間に奪い取られた。

ソ連兵たちは、長島大尉を後ろ手に縛り上げると、背中を小突いて歩くよう促した。成瀬曹長、板垣軍曹の安否を確かめる余裕もないままに、長島大尉はソ連兵の指示に従って歩き出した。

長島大尉は、成瀬曹長、板垣軍曹の無事を祈りつつ、ゆるやかな斜面を下った。歩くこと10分ほどで、ソ連兵たちは、兵舎に着いた。その兵舎は村上大隊が造っておいたものであった。長島大尉は、兵舎の前庭に座らされ、木に縛りつけられた。

座らされて少しすると、話し声が聞こえてきた。長島大尉は話し声のするほうに頭を向けた。何人かのソ連兵が、成瀬曹長と板垣軍曹を連れてやって来るのを見た。

ソ連兵たちは、成瀬曹長と板垣軍曹を長島大尉の横に座らせると、同じように木に縛りつけ、監視の兵士を三人残してどこかへ去った。

長島大尉、成瀬曹長、板垣軍曹は、互いに顔を見合わせ、

「あのマンドリン銃の乱射を浴びながら、お互いよくも無傷で生き延びられたものだ」

と喜びあった。

ソ連兵たちは、長島大尉たちを日本軍の斥候《せっこう》とみているようだった。どうすれば、自分が軍使であることをソ連兵に認めさせられるのだろう。

長島大尉は、軍使であることを証明する停戦文書を収めた図嚢を奪われたことが残念で

ならなかった。あの停戦文書があれば、これから取り調べを受けるとき、軍使であることを証明することができるのにと思った。

英語の簡単な会話はできても、ロシア語をほとんど知らない長島大尉は、〈ロシア語の堪能な牛谷《うしたに》通訳がここにいてくれたら〉と悔やんだ。

しかし、悔やんだところで、どうなるものでもなかった。〈その時はその時だ〉と腹をくくった長島大尉が空を見上げると、上弦の月が皎々《こうこう》と輝いていた。海峡のかなたに目をやると、ロパトカ岬の「点《つ》かずの燈台」が小さな光芒《こうぼう》をゆらめかせていた。時折、訓練台方面から銃声と砲声が聞こえてきた。

8月後半の冷気が軍服を通して体にしみこんできた。長島大尉は、身震いとともに尿意を催した。長島大尉は見張りの兵士に声をかけ、近寄ってきた三人の兵士に自分の股間を指して「シーッ、シーッ」といった。

ソ連兵の一人が本部兵舎に向かい、伍長の肩章をつけた下士官を連れて来た。下士官は日本語が少し分かった。長島大尉は、このチャンスをとらえた。用を足した後、下士官に自分は停戦交渉の軍使であると伝えた。

長島大尉の言葉を理解した下士官は、驚きの表情をみせ、急ぎ足で兵舎に戻っていった。長島大尉が本部兵舎に呼び入れられたのは、それから少ししてからであった。19日の午前2時ごろであった。

長島軍使、停戦文書を手交《しゅこう》す

長島大尉が本部兵舎内に入ると、土間にたくさんの筵《むしろ》を敷き詰め、そこに腰を下ろしている6人の将校たちがいた。将校たちは一斉に長島大尉を見た。

筵に座らされた長島大尉は、将校たちの顔をゆっくり眺め、肩章をさり気なく観察した。真ん中に座っているのは少佐、その左右にいるのは大尉と少尉であった。将校たちは、日本軍が貯蔵しておいたキャラメル、ビスケットなどを筵の上に広げて食べながら、長島大尉をじろじろ眺めた。

少佐の隣りの大尉が、日本語の少しできる少尉に通訳をさせながら、長島大尉に対する尋問をはじめた。

長島大尉は、少佐を差しおいて尋問をするこの大尉は〈コミッサールであろう〉と思った。コミッサールとは、軍隊を統制監視するためにソ連政府が派遣してくる政治将校である。政治将校は、プロパガンダ、防諜、反共思想の取り締まりを担う軍隊内の政治指導者であり、政府の政治原則を逸脱する軍司令官を罷免する権限を持っていた。

長島大尉は、氏名と階級を告げ、ソ連軍の前哨線に入ったのは、軍使として停戦交渉をするためであると伝えた。

それを少尉が通訳すると、将校たちのあいだにざわめきが起こった。政治将校は、

「軍使であることを証明するものを出せ」

といった。

長島は、

「前哨線で捕まったとき、持ち物のすべてを奪われた」

と答えた。

政治将校は、傍《かたわ》らにいた少尉に早口で何事かを指示した。出て行った少尉は、5分ほどすると長島大尉の図嚢《ずのう》を手にして戻ってきた。

長島大尉は受け取った図嚢を開けた。中に入っていたものはほとんど紛失していたが、

幸いにも通信文綴《つづ》りだけは残っていた。それをめくると、停戦文書が挟まっていた。

停戦文書の内容は、

・現在の戦線で両軍ともに速やかに停戦する
・武器引き渡しに関する交渉をする用意がある
・その方法について交渉したい

であった。

長島大尉は、通訳を介して停戦文書の内容を説明した。

しかし、政治将校は、文章の末尾にある「日本軍北千島最高司令官 印 」を指して、

「司令官の氏名と司令官直筆のサインがない。これでは、停戦文書と認めるわけにはいかない」

といった。

日本軍司令官が発する文書には、司令官の氏名を記さない。まして司令官が直筆《じきひつ》のサイ

ンをする慣習など日本軍にはない。

軍使の任務を遂行するために命懸けでやって来てここで交渉が頓挫《とんざ》したのでは、これまでの苦労が水の泡になる。長島大尉は、窮地に陥った。

そのとき、長島大尉のなかに、ある記憶が蘇った。それは、武雄《たけお》中学校時代に英語読本でラフカディオ・ハーンの『十六櫻』を読んだときに、「HARAKIRI（ハラキリ）」という言葉が出てきて感動した記憶であった。

〈そうだ、これを使おう。ソ連の将校たちに教養があれば、日本武士の「ハラキリ」の意味が分かるはずだ〉

そう思った長島大尉は、政治将校やその周りの将校たちの顔をゆっくり見渡して、こういった。

「貴官たちがこの停戦文書を信用しないのならば、私はハラキリをする」

長島大尉は、ゆっくり「HARAKIRI」といいながら、握りしめた右手の拳を腹部に当て、ぐいと腹を切る仕種《しぐさ》をした。

長島大尉の仕種を見ていたソ連軍将校たちはシーンとなった。政治将校は「うーん」と

長島軍使一行の行動図

①長島軍使出発する（18日14：00）
②塹壕で戦っている大橋軍曹たちに会う
③この辺りはソ連軍の攻撃が激しかった。ために、牛谷通訳や護衛分隊の兵士たちの多くが戦死したり行方不明になった
④木下少尉らを後退させる
⑤長島軍使、拘束される（18日19：30頃）
⑥ソ連の政治将校らの尋問を受ける（19日2：00頃）
⑦アルチューフィン大佐に長島軍使、停戦文書を手交（19日6：30頃）

唸り、「ダー（分かった）」といった。将校たちは、日本武士の「ＨＡＲＡＫＩＲＩ」を知っていたのである。

政治将校は、これまでの処遇の非礼を長島大尉に詫び、軍刀を返した。その他の軍装品については、

「どこへ行ったか分からない」

と気の毒そうにいった。それらの軍装品がもどってくることはついになかった。

アルチューフィン大佐との面談

将校たちは、長島のそばに一人の少尉を残して別室に行き、無線電話を使ってどこかと連絡を取っていた。しばらくすると、少佐が戻ってきて長島大尉に、

「貴官を今から上陸軍指揮官アルチューフィン大佐の指揮所へ連れていく」

といい、案内役の大尉を紹介した。

長島大尉は、案内役となった大尉と英語で少し雑談をした後、本部兵舎の外に出た。一面に漂う薄い霧が、朝の陽光を白く反射していた。

長島大尉は、成瀬曹長、板垣軍曹とともに案内役のソ連軍将校に先導され、緩やかに起伏する草原のなかを西に向かって歩いた。４人が歩く前方に、四嶺山《しれいざん》の山影が霧のなかに霞んでみえた。

この辺りは、前日、日ソ両軍が激しく戦闘をしたところである。塹壕《ざんごう》のそばを通ると、塹壕のなかや塹壕の近くに、日本軍将兵やソ連軍将兵たちの屍《しかばね》がみられた。破壊されて動けなくなった日本軍の戦車があった。勇戦して斃れた池田連隊長をはじめとする戦車兵たちを偲《しの》び、長島大尉、成瀬曹長、板垣軍曹は擱座《かくざ》している戦車に向かって合掌した。

案内役の将校と長島大尉たちが20分余り歩いて小高い丘の下まで来たとき、丘の上のほうから、

「シュトー（何だ）」

と誰何《すいか》する声がした。案内役の将校は、これに応答した。姿を現わした歩哨は案内役の将校に何かをいい残すと、前方にみえる塹壕のほうへ歩いていった。

長島大尉は、ここにソ連軍の前線本部があることを知った。

長島大尉が緊張しつつ待っていると、塹壕の上に六尺《ろくしやく》豊かな将校が姿を現わした。悠

然と立つ将校は、ときどき飛来してくる至近弾に驚く様子もなく長島大尉をしばらく眺めた後、長島大尉のほうへゆっくり歩いてきた。

近づいてくる将校の軍服についている大佐の肩章を見た長島大尉は、〈この将校が、上陸軍指揮官のアルチューフィン大佐だ〉と察した。長島大尉は背筋を伸ばし、大佐に挙手の礼をした。

案内役の将校は、長島大尉に、こちらがソ連第2梯団《ていだん》指揮官・狙撃連隊長アルチューフィン大佐であると紹介した。長島大尉は、堤司令官の停戦交渉文書をアルチューフィン大佐に手交《しゅこう》した。

長島大尉は、軍使としての任務を半ば達成した。午前6時30分ごろであった。

雑談に入って、アルチューフィン大佐は長島大尉に訊いた。

「貴官は何歳か」

長島大尉が、

「24歳です」

と答えると、

擱座《かくざ》したまま、占守島にそのまま残る日本軍戦車
（池田誠編『北千島 占守島の五十年』国書刊行会より）

「私にも同じ年齢の息子がいるが、まだ少尉だ」

とアルチューフィン大佐は破顔一笑した。

一軍を率いる指揮官の威厳に満ちた顔が、その瞬間、人のよいロシア人の顔になった。

長島大尉は、この後も日本軍とソ連軍のあいだを往《い》き来《き》することになるが、アルチューフィン大佐に会うことは二度となかった。

アルチューフィン大佐と別れた長島大尉は、小休憩をとった後、成瀬曹長、板垣軍曹とともにソ連軍のジープに乗り、ソ連軍軍使の大尉と中尉、4名の海兵隊員を案内しながら大観台《だいかんだい》の旅団司令部に向かった。

占守街道に出る途中、長島大尉たちは、数珠つなぎにされた10名くらいの日本兵が、ソ連兵に追い立てられながら歩いているのを見た。長島大尉は、捕虜となった戦友たちの無念を思った。

日本兵捕虜たちの最後尾を、前日、長島大尉に同行してくれたソ連兵が歩いていた。長島大尉は、〈あの兵士は、後日、処罰されるのではないか〉と思い、ソ連兵の悄然とした姿に哀れを覚えた。

占守街道を南下したソ連軍軍使一行のトラックが大観台の旅団司令部に着いたのは、19日の午前8時30分ごろであった。

長島大尉は、杉野《すぎの》旅団長にソ連軍軍使を紹介した。ソ連軍軍使は、「わが軍の司令官が本日の15時に日本軍側の軍使と竹田浜において会う用意がある」と、杉野旅団長に伝えた。

これをもって長島大尉は、軍使としての任務をすべて終えた。長島大尉は、終始行動を共にし、死地をくぐり抜けてきた成瀬曹長と板垣軍曹と労を犒《ねぎら》いあった後、旅団長の作戦指導を補佐する任務にもどった。

砂浜で立ったまま始まった停戦交渉

ソ連軍軍使が大観台に到来したとの報告を杉野巌《いわお》旅団長から受けた師団司令部の堤《つつみ》師団長は、ソ連軍との停戦交渉を行なう軍使の任務を杉野旅団長に与えた。

軍使となった杉野旅団長は、柳岡武《やなぎおかたけし》参謀長、鈴木村治《すずきむらじ》大佐、加瀬谷陸男《かせやりくお》中佐、そしてこれまでの経緯を知る長島大尉の4名に随行を命じた。

日ソ両軍の軍使一行を乗せた日本軍とソ連軍のトラックは、19日午後2時すぎ大観台を出発し、占守街道をゆっくり北に進んだ。

トラックは、前日長島大尉がソ連軍の小哨に拘束された地点を通りすぎて1キロメートル進んだところで右にハンドルを切り、竹田浜方面に向かった。

杉野旅団長たちは、会談が予定されている竹田浜の海岸に到着した。砂浜に立ちソ連軍の艦船が停泊している沖のほうを眺めていると、艦船群のあいだから小型船が現われ、舳《へ》先《さき》をこちらに向けて近づいてきた。杉野旅団長たちの目の前に来て停まった小型船から、大きな肩章《けんしょう》のついた軍服姿の将校たちが上陸してきた。

日ソの将校たちは、通訳を介して互いの氏名と身分を紹介しあった。ソ連側は、精悍《せいかん》な顔をした小柄な上陸作戦軍司令官グネチコ陸軍少将、がっしりした肩を持つ中背のジャーコフ師団長、長身で恰幅のいいウォロノフ海軍参謀長、それにプルカエフ海軍大佐、デニソフ海軍大尉たちであった。

定刻の午後3時、海岸の砂浜に立ったままで、停戦交渉が始められた。杉野旅団長が口火を切り、両軍が対峙している現在の線で停戦することを主張した。これに対して、グネチコ司令官は、停戦即日本軍の武装解除を要求した。

そこまで踏み込んだ要求を呑《の》むかどうかの判断をしかねた杉野旅団長は、柳岡参謀長の「これ以上の流血を避けるにしくはない」という意見に従い、ソ連軍の要求を受け入れることにした。

会談が終わった後、グネチコ司令官は、ジャーコフ師団長やウォロノフ参謀長と何事か話し合っていたが、杉野旅団長のほうに顔を向けると、

「あれらの戦車を後退させせよ」

と原野のあちこちにみえる戦車を指さした。

グネチコ司令官は、停戦交渉に圧力をかけるために日本軍が戦車を配備していると思っているようであった。長島大尉は、

「あれらの戦車は、すべて擱座《かくざ》している」

と説明した。

長島大尉は、四嶺山まで進出したソ連軍を竹田浜へ追い落とした日本軍戦車に対するソ連側の恐怖の大きさを知った。

グネチコ司令官は、国端崎《こくたんざき》と小泊崎《こどまりざき》にあった洞窟陣地の砲の種類や数、兵員数についても執拗《しつよう》に質問してきた。日本軍砲兵隊の猛攻撃を受けたソ連軍が予想以上の損害を蒙《こうむ》ったことをグネチコ司令官は不本意に思っているらしかった。長島大尉は、ソ連軍を散々痛めつけた砲兵隊100名の将兵たちの健闘を密《ひそ》かに讃えた。

任務を果たした軍使杉野旅団長の一行が大観台に帰還したのは、午後6時ごろであった。

杉野旅団長の報告を受けた堤師団長は、次のような日本軍の主張を文書にし、再度ソ連軍司令官との交渉に赴くよう柳岡参謀長に命じた。

「予《よ》は、上司より、8月18日16時現在の戦線において、先ず彼我《ひが》ともに停戦し武器引き渡しの交渉をなすべし、しかし敵にして依然進攻するにおいては自衛のため戦闘を行なうべしとの命令を受けておれり。よって、爾今《じこん》貴軍において苟《いやしく》も戦闘行動に出づる事あらんか、予は断乎として貴軍を撃滅すべき事を厳粛に声明するものなり」

堤師団長の声明書の内容は、言い換えるとこうである。

――貴官の軍は、軍使を立てて平和的交渉をすることなく、突然の攻撃を仕掛けながらわが領土占守島に進攻してきた。私こと第91師団長堤は、貴官の軍の不法行為を咎《とが》めて自衛のための戦闘行動をとった。貴官の軍がこれからも戦闘行動をとるならば、第91師団も戦闘行動をとり続けてよしとの命令を第５方面軍司令官から受けている。そうなれば、わが軍は貴官の軍を徹底的に叩きつぶすつもりであると、はっきり申し上げる――

〈私は停戦には応ずるが、停戦即武装解除には応じられない。まず停戦して、その後、治安を維持しつつ日本軍の武器を引き渡す手順、将兵や残留民間人を撤退させる方法について平和的に交渉したい〉というのが堤師団長の真意であった。

堤師団長は、満州や樺太に攻め込んできたソ連軍が、日本の民間人しかいない居住地域を砲撃したこと、居住地域に入ったソ連兵が民間人の持ち物を掠奪し、婦女子に暴虐の限りを尽くしたことを知っていた。

武器を持たない民間人を攻撃するほど無規律なソ連軍である。停戦し武器を放棄した瞬間に、上部の統率力の及ばないところでソ連軍将兵たちがどのような行動に出るか分かったものではない、と堤師団長は思っていたのであろう。

停戦交渉の決着

8月20日の午前、堤師団長の声明書を持った柳岡参謀長は、長島大尉と清水《しみず》通訳を同行して竹田浜にトラックで向かった。

占守街道を北上して匂い橋の手前に来ると、右手から散発的な銃砲声が聞こえてきた。停戦交渉をしているとはいえ、戦闘を終えたわけではない。少しでも前進しようとするソ連軍は、訓練台の北方で様子をうかがっていた。それを牽制しようとして日本軍も砲撃していたのである。

竹田浜にはグネチコ司令官も、ジャーコフ師団長やウォロノフ参謀長も現われなかった。初めてみるソ連軍将校は、ロシア語で書かれた声明書を柳岡参謀長から受け取って目を通すと、すぐに、

「われわれが要求した停戦即武装解除の方針を変えるわけにはいかない。これ以上、交渉する必要はない」

と言った。

ソ連軍将校は、

「先刻、わが軍の軍艦が片岡湾内で砲撃を受けた」

と非難めいた口調でいった。彼は、日本軍が19日から20日にかけて、幌筵島より占守島へ歩兵大隊を移動させたことも把握していた。

ソ連側は、〈日本軍は停戦交渉をしながら戦闘行動をとっている〉と思っているようであった。

ソ連軍将校は、清水通訳に、

「わが軍が日本軍の行動に対していだいている不満を伝えよ。柳岡参謀長と長島大尉の二人は、日本側から納得のいく回答が届くまで拘束する」

といった。

柳岡参謀長と長島大尉は、ソ連軍陣地に連行され、監視兵つきで拘束された。狭い天幕

のうちに横たわった二人は、上官と部下の関係を忘れて雑談をした。年配の柳岡参謀長は、長島大尉に、

「俺も、いっぺんは内地勤務をしたかったなあ」

と愚痴をこぼした。

柳岡参謀長は、支那大陸で蔣介石《しょうかいせき》軍と戦い、キスカ島に転じてアメリカ空軍の猛爆と海軍の艦砲射撃に耐えてきた歴戦の勇士であった。キスカ島を奇跡的に撤退して幌筵島にやってきて第91師団司令部に入り、参謀長という重い職務についていた。

後に柳岡参謀長は、第91師団の将校たちの一員としてソ連に抑留され、ヨーロッパのモロドフスカヤ州にある捕虜収容所に収容される。

そこからさらにモスクワ近郊の収容所に移された柳岡参謀長は結核に罹《かか》り、親しくなった同じ捕虜のドイツ軍将校に、「郷里に帰りたい」と洩らしながら亡くなったといわれている。

長島大尉は師団司令部で柳岡参謀長と始終顔を合わせていたが、このような私的会話を交わしたことは一度もなかった。長島大尉は、〈参謀長は相当お疲れになっているようだ〉

と思った。そのうちに前日からの疲れがどっと出てきた。睡魔に襲われた長島大尉は、柳岡参謀長に断わって横になると、たちまち眠りに入った。

長島大尉は、柳岡参謀長に揺り動かされて目を覚まし、朝になっているのを知った。柳岡参謀長は、

「お前は剛胆だなあ。俺は一睡もできなかったよ」

と呆れた顔をした。長島大尉は、

「ここはソ連軍の陣地内だから、攻撃されることもないだろうと思っただけです」

と笑った。柳岡参謀長は、

「昨夜は、銃砲声がほとんどしなかったが、われわれの断乎たる態度を知ったソ連軍が砲撃を控えたのではないだろうか」

といった。

ソ連兵が朝食として持ってきた豆の水煮の缶詰と干し肉を食べた柳岡参謀長と長島大尉は、同行のソ連軍将校３名とともにジープで大観台に帰還した。

柳岡参謀長は、幌筵島の柏原から占守島の長崎地区に進出してきていた堤師団長に交渉

結果を電話報告した。そのときすでに、堤師団長は、第5方面軍司令官樋口中将から、即時停戦と武器引き渡しに應認《おうにん》せよとの命令書を受け取っていた。

堤師団長は、ソ連軍将校に「停戦即武装解除」の要求を認める旨を伝えるとともに、麾《き》下《か》の全軍に一切の戦闘行動の停止を命じた。紆《う》余《よ》曲折《きょくせつ》のあったソ連軍との停戦交渉は一段落した。8月21日の正午ごろであった。

「占守島の戦い」で日本が優位に戦えた理由

占守島の北部を主戦場とした足かけ4日間の戦いにおける両軍の損害は、ソ連軍側の統計によれば、日本軍の死傷者約1000名、ソ連軍の死傷者1567名である。

日本軍は、武装解除後、戦死者の確認や収容を認められぬままに、捕虜としてシベリアやヨーロッパ方面に移動させられたため、死傷者の正確な数をつかめなかった。

ただし、日本軍側の推定によれば、日本軍の死傷者は約600名、ソ連軍の死傷者は約3000名となっている。

当時のソ連政府機関紙『イズベスチヤ』は「占守島の戦いは、満州・朝鮮における戦闘より損害がはるかに大きかった。８月19日はソ連人民の悲しみの日であり、喪《も》の日である」と論評した。

戦いが日本軍優勢のうちに終わった理由は、いくつか考えられる。

その一つは、日本軍が敵軍の上陸に備える態勢をしっかりとっていたことである。日本軍は戦闘に必要な武器弾薬を十分に備蓄していた。敵軍の上陸を想定した陣地を構築し訓練に励んでいた。特に、ソ連軍になくて日本軍にあった戦車は、戦いを有利に進める決め手となった。

一方のソ連軍は、スターリンが千島侵攻命令を下すまでは、日本軍の攻撃に対する防御しか想定していなかった。カムチャツカ半島のソ連軍は、海を渡って敵地に攻め込むための攻撃用艦艇を持っておらず、武器の準備も泥縄式で行なわねばならなかった。ソ連軍は占守島の地理・地形の調査や上陸訓練もしていなかった。

グネチコ司令官がソ連軍極東総司令部から得ていた情報によれば、占守島の日本軍は武器弾薬も食糧も不足しており、敗戦で将兵の士気は低下していることになっていた。ゆえに、現有兵力をもって日本軍を簡単に敗退させられるという見込みであった。

極東ソ連軍総司令官ワシレフスキー元帥も、カムチャツカ防衛区司令官グネチコ少将も、満州や樺太で日本軍を圧倒した自軍のイメージを占守島に重ね、占守島を守る日本軍を甘くみていたのであろう。

二つ目は、日本軍の戦闘意欲がソ連軍のそれを上回っていたことである。日本軍将兵にとって、占守島を守ることは神聖なるわが領土を守ることであった。

他方、ソ連軍将兵にとって、占守島は自国の領土ではない。カムチャツカ防衛の任務についていた将兵たちにしても、ヨーロッパ戦線でソ連領土に攻め込んできたドイツ軍と戦った後、息をつく暇もなくやってきた将兵たちにしても、日本の領土である占守島で戦う積極的な意味を見いだせなかったであろう。

ましてや日本は、ポツダム宣言を受諾し降伏しているのである。〈戦争は終わった。これでやっと郷里に帰ることができる〉と思っていたところに、シベリアよりももっと東に連れてこられた将兵たちにすれば、〈やれやれ、また戦わなければならないのか〉と、うんざりしていたことであろう。

三つ目の理由は、ソ連軍がアメリカ軍のような上陸前の艦砲射撃や飛行機からの爆撃による陣地破壊を行なわなかったことである。陣地破壊を行なわずに狭い砂浜に密集して上陸したために、ソ連軍は無傷の日本軍の格好の餌食《えじき》となった。

四つ目は、地の利と気象の利が日本軍側にあったことである。日本軍将兵にとって、占守島はそこにいくつもの陣地を構築し、半地下の兵舎をつくり、縦横に走る街道をつくり、橋を架けた島である。どこに川が流れているか、どこに湿地や窪地があるかを知り尽くしている島である。

一方、ソ連軍は、将兵の上陸地点にした竹田浜付近の潮流の異常な速さや、海岸近くの海の深さについても調査していなかった。そのために、上陸用舟艇に兵員と大砲を過剰に積載して舟艇を座礁させる事態になった。

上陸してからのソ連軍将兵にとって占守島は、どこに日本軍将兵が潜んで自分たちを狙っているか分かりにくい島である。

おまけに、上陸した竹田浜や進攻した四嶺山方面や訓練台方面には濃い霧がかかっていた。その霧のなかから攻撃してくる日本軍は、ソ連軍将兵にとってさぞかし不気味で恐ろしかったであろう。

ソ連軍が戦いの主導権をとる上で重要視していた四嶺山方面の戦闘で、ソ連軍が優位に立ちながら日本軍陣地に突入できなかったのは、霧に遮《さえぎ》られて、霧の向こうにいる日本軍がどれくらいの規模であるか測りきれなかったためであったろう。

日本軍の予想外の抵抗を知ったスターリンは、8月22日、北海道上陸作戦の中止命令を出した。翌23日、スターリンは、「日本将兵50万人を抑留し、シベリアへ結集させよ」と、ワシレフスキー極東軍総司令官へ直電した。

抑留の理由は、①日露戦争の報復、②人質、③共産主義の戦力養成、④労働力の充当であったといわれている。

この抑留は、「日本軍隊は完全に武装を解除されたる後、各自の家庭に復帰し」と謳われているポツダム宣言第9条に違反する行為である。

ソ連軍による日本軍武装解除に同行

8月22日の正午ころ、堤《つつみ》師団長は、降伏文書に調印するため、水津《すいづ》満《みつる》少佐参謀、長島厚大尉、高橋鎌治郎《たかはしかまじろう》副官、清水通訳を帯同して、占守島南西にある片岡《かたおか》湾に停泊中のソ連警備艦キーロフに赴いた。

艦上で堤師団長一行を出迎えたのは、グネチコ司令官、ジャーコフ狙撃師団長、ウォロノフ海軍参謀長たちであった。

士官食堂でグネチコ司令官と会見した堤師団長は、降伏文書に調印した。ここに占守島の戦いは終わった。８月22日の午後１時ごろであった。

その後、日ソ両軍の司令官と将校たちによる会食が艦上で行なわれた。禿頭《とくとう》のグネチコ司令官が歓談の半ば、長島大尉のほうを向いて笑いながら、

「千島のゲロイ（英雄）」

と声をかけた。長島大尉は、

「気障《きざ》な言葉を使う人だ」

と思った。

後で、「ゲロイ」が軍功のあった軍人を表彰するときに用いられるソ連の用語であると知らされた長島大尉は、〈それなら、ゲロイは私独りのものでなく、ともに困難な任務を果たした成瀬曹長、板垣軍曹の両名をふくめてのものだ〉と思った。

会食の後、長島大尉はソ連軍将校から、

「これよりソ連軍艦は、幌筵島《ぽろむしるとう》、温禰古丹島《おんねこたんとう》、春牟《はりむ》古丹島、捨子《しやす》古丹島に駐屯する日本軍の武装解除に行く。長島大尉は水先案内をするとともに武装解除に立ち会え」

といわれた。

長島大尉が、

「私は陸軍だから水先案内はできない」

というと、将校は、

「操艦をさせるわけではない。停泊地点への案内をし、そこにいる日本軍守備隊がわれわれに向けて発砲しないようにしてくれるだけでよい」

と応じた。長島大尉は納得した。

柏原に引揚げる堤師団長と別れた長島大尉は、中千島《なかちしま》（松輪島《まつわとう》から得撫島《うるつぷとう》までの島々）の武装解除に立ち会うように求められた水津《すいづ》満《みつる》少佐とともに、それぞれソ連軍艦に分乗して任務を遂行することになった。

長島大尉は、掃海艇（ＭＳ５２５）に乗った。艦長はデニソフ大尉で、乗員は20名ほどであった。ソ連艦長と起居《ききよ》をともにした長島大尉は、そのてきぱきとした指揮ぶりをみて、〈自分と同じくらいの年齢でありながら、見事なものだ〉と感服した。

幌筵島南端の武蔵《むさし》地区を皮切りに武装解除でまわる温禰古丹島・春牟古丹島・捨子古丹島の陣地は、１年前、中尉であった長島が実地調査のために訪れた懐かしい場所である。それぞれの陣地で、長島大尉は顔見知りの守備隊の面々の温かい出迎えを受けた。

長島大尉は、各島の守備隊長にデニソフ大尉を紹介した。武装解除は支障なく行なわれた。武装解除後の守備隊は、陣地を撤収して幌筵島の柏原や占守島の長崎に集合することになった。

予定していた島々の武装解除を終えた軍艦が、松輪島《まつわとう》近くまで遊弋《ゆうよく》した後、反転して柏原港に向かっているとき、突如、艦内のサイレンが鳴った。乗組員は一斉に配置についた。

長島大尉は艦橋に急いだ。艦橋にいた艦長のデニソフ大尉は、

「アメリカの空軍機だ」

という。〈アメリカはソ連の味方ではないのか〉といぶかしく思った長島大尉が艦長に

質すと、デニソフ大尉は、「今後は、われわれは日本軍と握手してアメリカ軍を叩くのだ」といった。

日本と中立条約を結び、この度の戦争で中立的な立場をとっていたソ連が、アメリカと歩調を合わせ突如として日本を攻撃してきたことは、満州時代にソ連を仮想敵国とみて訓練に励んでいた長島大尉にとってそれほど意外なことではなかった。

しかし、アメリカと協同して日本を攻めているはずのソ連が、千島列島の海域ですでにアメリカと勢力圏争いを始めていることを知り、長島大尉は驚かざるを得なかった。

国際情勢は、長島大尉が予想していなかった方向に変化しつつあるようだった。そうした情勢の変化を末端の将校までが把握しながら戦っているソ連軍と、まったく把握しないままに目の前の敵と戦ってきた第91師団軍のあいだにある情報格差に、長島大尉は愕然とした。

艦船内のラジオが、ソ連軍の論功行賞を報じはじめた。グネチコ司令官が中将に昇進したとのニュースが伝えられると、乗組員たちは歓声をあげて拍手した。

その歓声を聞きながら、長島大尉は、敗残のわが身を思い憮然とした。『平家物語』の冒頭の「祇園精舎《ぎおんしょうじゃ》の鐘の声、諸行無常の響きあり……」を思い浮かべた。

師団への帰還

ソ連軍艦の水先案内の任務を無事に終えた長島大尉は、8月25日の昼ごろ柏原の師団司令部に帰投し、堤師団長にその旨を報告した。

その後、しばらくぶりの風呂に入った長島大尉は、18日未明、ソ連軍の突然の侵攻から始まった戦いの中で自分がとった行動のあれこれを回想し、戦死した先輩や同僚たちの顔を思い浮かべた。

本来ならば、長島大尉は池田連隊長の指揮のもと、戦車第11連隊の将校として四嶺山付近でソ連軍と死闘をしていたはずであった。それが師団司令部参謀部付勤務を命ぜられることにより、戦車連隊の戦車の約3分の1を失った闘い、池田連隊長をはじめとする多くの戦車兵が戦死した凄絶な闘いに加わらなかった。

その代わりに、長島大尉を待っていたのは、停戦交渉の軍使という予想すらしていなかった重い任務であった。

軍使長島大尉と行動をともにした将兵31名のうちの半数以上が、途中で敵の攻撃を受けて戦死した。長島大尉自身、敵陣に辿《たど》り着くまでに敵の至近弾に何度も見舞われてきた。命を落として不思議でない状況のなかで軍使としての任務を遂行し得たのは、〈天佑神助《てんゆうしんじょ》とご先祖の加護があったからだ〉と長島大尉は思った。

数日後、長島大尉は堤師団長に呼ばれて、師団長の執務室に入った。温顔で長島大尉を迎えた堤師団長は、

「軍使の任務、ご苦労であった。成瀬、板垣の両君を一階級昇進させることにした。貴官にはこれを与えたい」

と言って、横長の和紙を差し出した。そこには「挺身遂任《ていしんすいにん》」と墨痕《ぼっこん》鮮やかに書かれてあり、師団長の落款《らっかん》が捺《お》されていた。

長島大尉が幌筵島の柏原に戻ってくる前日の24日、堤師団長は、師団司令部の幕舎に指揮官たちを集めて、日本軍としては最後になる会同を行なった。

堤師団長は、

「貴官たちは郷里に帰ったら、米軍管理下で生活をしなければならなくなるが、その制約

にめげることなく、新しい生活手段をみつけ、皇国再建のために鋭意努力してもらいたい」

と訓示した。

指揮官たちは粛然として聞き、間もなく眺めることになる郷里の山河を想い、家族たちの顔を思い浮かべた。

しかし、その見込みははずれ、日本軍の下級将校と兵卒は樺太《からふと》あるいはシベリアに、堤師団長以下の中・高級将校はヨーロッパに抑留されることになる。

長島大尉と別行動をとった水津少佐は、ソ連艦船で中千島の松輪島《まつわとう》から得撫島《うるつぷとう》までの水先案内をした。艦船がそれ以上南に下ろうとしないのをいぶかしく思った水津少佐は、ソ連軍将校になぜかと問うた。

将校は、

「択捉島《えとろふとう》から南はアメリカ軍の担当だから、わが軍は手を出さない」

と答えた。

これは、ソ連がクリルアイランド（千島列島）を、占守島《しゆむしゆとう》から得撫島《うるつぷとう》までと考えていたことを意味する。事実、この境界から南にある択捉島《えとろふとう》、国後島《くなしりとう》は、人文地理上からも植物分布からみても北海道本島と同一である。

ところがソ連軍は、択捉島、国後島にアメリカ軍が進駐していないことを知るや、泥棒猫のように入り込み、勢いに乗って色丹島《しこたんとう》と歯舞群島《はぼまいぐんとう》までをも占領した。

ヨーロッパの収容所へ、そして帰国

武装解除され捕虜となった第91師団の日本軍将兵は、しばらくの間、兵舎の整備、越冬に備える薪づくりなどの作業に使役された。

12月8日、堤師団長以下の約150名の高級将校たちは、輸送船に乗せられ柏原を出港した。輸送船は樺太の大泊《おおどまり》港と沿海州のナホトカ港を経由して、15日、ウラジオストック軍港に着いた。

ここで軍刀その他を没収された日本軍将校たちは、25日、貨車に乗せられ、バイカル湖畔を通り、ウラル山脈を越えて、モロドスカヤ自治州のヤワス村に着いた。冬枯れの広漠たる平原にあるヤワス村は、北緯55度線上にある極寒の地であった。

日本軍将校たちが収容された第58ラーゲルには、ドイツ軍の捕虜たちもいた。捕虜たちは、森林伐採などの労働を強制された。

ソ連軍の日本人捕虜に対する処遇は、ドイツ人捕虜に対する処遇よりなにかと厳しかった。あるとき、長島大尉は、その点を質《ただ》すと、ソ連軍将校は、

「ドイツ人は白人捕虜だから、信用できるのだ」

と答えた。長島大尉が、

「共産主義国のソ連では、すべての民族が平等じゃないのか」

と畳みかけると、ソ連軍将校は、憤然としていった。

「われわれは、スターリンの命令でやっている」

第58ラーゲルで1年ほどすごした日本軍将校たちは、その後、ミチューリンスク、マルシャンスク、タンボフの各ラーゲルに転々と移された。

長島厚が日本（舞鶴《まいづる》）の地を踏んだのは、昭和23年5月8日であった。

この年の11月、勝者の裁きである極東国際軍事裁判が結審し、東條英機《とうじょうひでき》首相をはじめとする7名の大東亜戦争指導者が絞首刑となった。

しかし、地に落ちて死んだ一粒の麦からたくさんの新しい麦が生えてくるように、雄々《おお》しく戦って敗れた日本に鼓舞されたアジアの諸民族は、再び植民地支配をしようとやってきた西洋諸国の軍隊と戦い、自由と独立を勝ち取っていく。

あとがき

長島厚氏を私に紹介してくださったのは、自由主義史観研究会理事の岩田《いわた》義泰《よしやす》氏である。

岩田氏は、陸軍士官学校（第53期）のご出身で、長島厚氏の2期先輩である。お二人は、ともに満州に駐留する関東軍の戦車第4連隊に所属しておられた。

岩田氏は、昭和16年に満州から南方に移動し、大東亜戦争の開戦14日後の12月22日、本間《ほんま》雅晴《まさはる》中将麾下《きか》の第14軍の戦車隊長として、フィリピンのマニラ攻略戦に参戦した。

一方、長島氏は、大東亜戦争が始まっておよそ2年後の昭和19年1月、満州からみて北東にある北千島に移動し、堤不夾貴《つつみふさき》中将麾下の第91師団参謀部付将校として占守島攻防戦に参戦した。

わが日本は、開戦の詔書に謳《うた》われているように、「東アジアの禍乱を助長するとともに日本が望む平和的通商を妨害して日本を窮地に追い込もうとするアメリカ・イギリスから国を守るため」に大東亜戦争を始めた。

自存自衛のために戦争を始めた日本は、開戦の2日後、西洋諸国の桎梏《しっこく》のもとにあるアジア諸民族の解放という戦争目的を加えた。

岩田氏と長島氏は、その大東亜戦争を戦ったつわものである。

しかし、岩田氏と長島氏は、命懸けの戦いを戦ったつわものとは思えないほど穏やかな風貌を持つ方々である。偉ぶったところがなく、接する人の心を和《なご》ませてくださる方々である。

テレビの戦争ドラマによく登場する甲《かん》高い声を張り上げて威圧的にしゃべる将校とは違い、現役時代のお二人は戦場にあって冷静沈着、おのれに厳しく部下を慈《いつく》しむ武人であったろうと想わずにいられない。

一日《いちじつ》、武蔵野市の吉祥寺にある岩田氏のお宅を訪ねたことがある。そこで岩田氏からマニラ攻略中のこんなエピソードを伺った。

――戦車尖兵隊長だった私は、あるとき戦車から降り、5名の部下を率いて進路偵察のためマニラ近郊のジャングルの奥に続く道を進んでいた。突然、向こうから、トラックに分乗した米比軍がやってくるのが見えた。トラックが15輌ほど続いているところからみて、敵兵の数は200くらいと思われた。

迎え撃とうと逸《はや》る部下を抑えてジャングルに身を潜めさせた私は、境界線付近に進み様子を窺《うかが》った。

すると、トラックが停まり、先頭車から隊長と思われる将校が降りて、こちらに向かって歩いてきた。

互いの距離が70メートルほどになったとき、米軍将校は立ち止まり、ピストルを構え私を目がけて1発撃った。弾は私の横をかすめて飛び去った。

私もすかさずピストルを抜き、両脚を開いた姿勢をとり米軍将校目がけて撃ち返した。しかし、命中しなかった。

こうして二人は相手を見据えつつ1発ずつ撃ち続けた。米軍将校が6発目に撃った弾は、私の股間をシュ－ッという音を残して飛び抜けた。

続いて私が撃った6発目の弾は、米軍将校の額を撃ち抜き、米軍将校はのけぞるようにして斃《たお》れた。

その一部始終を見ていた敵の将兵たちは、俄《にわか》にパニック状態となり、道路上で反転して蜘蛛《くも》の子を散らすように逃げ去った。

米軍将校（中尉）の遺体は駆け寄った部下との共同作業で道路脇まで運びゴム樹の根元に凭《もた》れさせ、瞑目合掌した――

岩田戦車隊長は、米軍将校を斃《たお》すことによって、5名の部下の命を救い、戦えば殺したであろう米比軍将兵たちの多くの命を救ったのだ。部下を無闇に死に追いやらぬ冷静さ。窮地においての的確な判断力。決闘で斃した敵将に対する心くばり。ここに武士道精神を体現する武人あり、と私は感動した。

岩田氏の紹介で、私が長島氏と初めてお会いしたのは、平成23年4月20日、東京九段南にある偕行社《かいこうしや》においてであった。瘦身長軀《そうしんちようく》（身長176センチメートル）の長島氏は、にこやかに私を迎えてくださった。

長島氏もまた岩田義泰氏と同様、小春日和《こはるびより》のように温かいお方であった。

私は、占守島の戦いと軍使長島大尉について書かれている文献を事前に読み、威風あたりを圧する「剛勇の武将」を想像していた。

――前方からソ連軍の弾丸、後方から日本軍の弾丸が飛んでくるなかを敵陣に向かって進んだ軍使長島大尉。長島大尉に従い敵陣に向かっていた6名の将兵を途中から後退させることによって彼らの命を救った長島大尉。停戦交渉の軍使としての任務を冷静沈着に全うすることによって、戦いがさらに続いていたならば失われたであろう日ソ両軍の多くの将兵の命を救った武人長島大尉――

穏やかな微笑を湛えながら迎えてくださった長島氏は、私のほうから問わなければ語ることのない寡黙《かもく》の人であった。

長島氏のなかには、ソ連軍との戦いを優位に進めながら鉾《ほこ》を収めなければならなかった武人としての悔しさと、不本意にもソ連軍の捕虜となってヨーロッパくんだりまで連れて行かれ、強制労働をさせられた屈辱感があり、〈今さら、なにを語ろうや〉という想いがあっての寡黙であるように私には思われた。

その寡黙の人長島氏が軍使としてとったご自分の行動を語るようになったのには、きっかけがあった。

「私が停戦交渉の軍使をして、竹田浜《たけだはま》でグネチコ少将に会った」

と語る人物が、戦後50年以上も経って現われたのである。軍使長島大尉の部下として四《し》嶺山《れいざん》の麓まで同行し、そこから長島大尉の命令により大観台《だいかんだい》に後退させられたK少尉である。

長島氏は、K氏がそのような手柄話を語っていることを、士官学校同期生の熊谷悃《くまがいまこと》氏から教えられるまで知らなかった。教えられても長島氏は敢えて反論をしようとしなかった。そこにも、長島氏の武功を誇らぬ無欲恬淡《てんたん》な生き方を垣間《かいま》見る思いがする。

長島厚氏と香津子夫人の近影。長島氏 91 歳、夫人 90 歳。背後にかかるのは、堤師団長から贈られた「挺身遂任《ていしんすいにん》」の書
(平成 24 年 10 月撮影)

しかし、熊谷氏は、K氏の軍使説が北海道の新聞で報道され、さらに公の文書に記録され史実となりつつあることを好ましくないと考えた。

熊谷氏は事実を公表するよう、再三、長島氏に勧めた。長島氏は重い口を開いて、ようやく事実を語り出したのである。

原稿のチェックをしていただくため、横浜市青葉区《あおばく》にある長島厚氏のお住まいを、平成24年10月に再訪した。

奥様（香津子さん）は、90歳のご高齢とは思えない張りのあるお声で出迎えてくださった。

凛として立つ奥様は、写真で拝見していたもんぺ姿の香津子さん、生まれて間もない長女黎子《れいこ》さんを抱っこして立つ銃後の若妻香津子さんと重なってみえた。

本書のもとになる文章を自由主義史観研究会の会合で発表したとき、機関誌『歴史と教育』に掲載するよう私に勧めてくださったのは、藤岡信勝教授である。

『歴史と教育』に載ったその文章を、祥伝社の角田勉氏が目に留めてくださった。角田氏のご提案に従い、前半の一部をカットし、後半の戦闘部分に大幅な書き加えをして出来上がったのが本書である。

本書執筆にあたり、長島厚氏と岩田義泰氏から多くの文献や資料をお借りした上に、懇切なご指導ご助言を賜った。

四人の御方から戴いた有難いご縁と励まし、さらには地図作成にお力を貸してくださった三納吉二《さんのうよしに》氏、関連する多くの歴史的知識を与えてくださった自由主義史観研究会同志のお陰で本書は誕生しました。

心から御礼を申し上げます。

〈占守島の戦い・年譜①〉　大東亜戦争の終結まで

年月日（昭和）	時局の推移	長島厚氏の経歴
13年12月8日		陸軍予科士官学校入学
14年5～9月	ノモンハン事件	
16年7月		陸軍士官学校を繰り上げ卒業。満州軍戦車第4連隊付見習士官として
		満州の東安省・虎林に赴任
16年10月1日		少尉に任官し、陸軍公主嶺学校に入学
16年12月8日		大東亜戦争勃発
17年1月		東安省・斐徳駐屯の戦車11連隊に配属
17年6月	ミッドウェー海戦で壊滅的敗戦	
18年2月	大本営、北方軍司令官に西部アリューシャン方面確保の任務を与える	
18年5月30日	アッツ島玉砕	

〈占守島の戦い・年譜①〉大東亜戦争の終結まで

18年8月1日	日本軍、キスカ島から撤退。占守島が北の最前線となる	
18年9月12日	米空軍、幌筵島を空爆	12月、中尉に進級する
19年2月	米国、このころからアラスカ→占守海峡→ウラジオストック経由で欧州戦線のソ連軍に軍事物資を頻繁に送り始める	戦車第11連隊の移動に伴い、満州から東京を経由して小樽へ
19年4月		第91師団戦車第11連隊将校として占守島に着任
19年10月1日		戦車連隊から師団司令部参謀部に配置替えとなる
19年12月1日		大尉に進級する
20年2月	米英ソ首脳、ヤルタ会談で、ソ連の対日参戦の代償として、南樺太と千島列島の領有を密約	

年月日（昭和）	時局の推移	長島厚氏の経歴
20年6月	北千島の兵力が陸軍2万3000、海軍1500に半減される	
20年6月26日	ソ連、北海道占領計画を策定	
20年8月9日	ソ連、対日参戦	
20年8月14日	日本政府、ポツダム宣言の受諾を決定	
20年8月15日	「大東亜戦争終結の詔書」の玉音放送	

〈占守島の戦い・年譜②〉昭和20年、終戦後の北千島

月日時	戦闘の経緯	長島厚氏の行動
8月15日 午後3時	スターリン、北千島奪取命令発令	
8月16日	スターリン、千島と北海道北半分の占領をトルーマンに要求	
8月16日	第5方面軍樋口司令官の命令「各部隊は一切の戦闘を停止せよ。ただしやむを得ない自衛戦争はこれを妨げず」	
8月18日 午前1時30分	ソ連軍、ロパトカ岬から占守島に砲撃開始	
午前2時ごろ	ソ連軍、竹田浜に奇襲上陸開始	
午前2時30分	日本軍、反撃開始。砲兵隊の活躍	
午前5時	ソ連軍、四嶺山北側まで進出し、村上大隊本部、窮地に陥る	

月日時	戦闘の経緯	長島厚氏の行動
午前5時	戦車第11連隊、天神山に集結。池田連隊長、配下の将兵を鼓舞	
午前5時半	戦車40台、戦車隊の反撃開始	
午前6時		杉野旅団長の作戦指導補佐を命じられる
午前10時		大観台の旅団司令部に入る
正午ごろ	ソ連軍、竹田浜方面に後退	
正午過ぎ	第91師団長・堤中将、将兵に「18日16時をもって攻撃を中止し、防御に転ずべし」と命令	
午後1時		堤師団長から停戦交渉の軍使を命じられる
午後2時		大観台の旅団司令部を出発
午後7時30分		ソ連軍の前線部隊に拘束

〈占守島の戦い・年譜②〉昭和20年、終戦後の北千島

8月19日 午前2時		ソ連軍部隊本部で将校の尋問を受ける
午前6時30分		ソ連第2梯団指揮官アルチューフィン大佐に停戦交渉文書を手渡す
午前8時30分		大観台の旅団司令部に帰着
午後2時		杉野旅団長に随行し、再度ソ連軍戦闘司令部に向かう
午後3時	杉野旅団長、グネチコ司令官と停戦交渉	
8月20日 午前	柳岡参謀長、ソ連軍戦闘司令部に赴くが、ソ連側は交渉に応ぜず	柳岡参謀長に随行してソ連軍戦闘司令部に赴く
8月21日 正午ごろ	堤師団長、全軍に戦闘行為の停止を命ずる	
8月22日 午後1時	堤師団長、ソ連警備艦キーロフ艦上にて停戦文書に署名	水津少佐参謀、高橋副官とともに、堤師団長に随行する

月日時	戦闘の経緯	長島厚氏の行動
正午以降	ソ連軍ウォロノフ参謀長、北千島の日本軍の武装解除をする	武装解除をするウォロノフ参謀長の水先案内役をつとめる
同日	スターリン、北海道上陸作戦の中止を命令	
8月22日～28日	停戦協定に基づき、得撫島以北の18島をソ連に引き渡す	
8月23日	スターリン、日本将兵50万人のシベリア抑留を命令	
8月25日昼		柏原の師団司令部に帰還
12月8日	堤師団長以下、１５０人の将校が輸送船で柏原を出港。ナホトカ経由でウラジオストックへ	同上
12月末	モロドスカヤ自治州のヤワス村、第58ラーゲルに収容される	同上
昭和23年5月8日		舞鶴港に帰着

《参考資料》

『近代日本戦争史　第4編　大東亜戦争』奥村房夫監修／近藤新治編集（同台経済懇話会 平成7年）
『戦史叢書　北東方面陸軍作戦（2）千島・樺太・北海道の防衛』防衛研修所戦史室（朝雲新聞社　昭和46年）
『アッツ、キスカ・軍司令官の回想録』樋口季一郎（昭和46年　芙蓉書房）
『北千島方面兵団の終戦』堤不夾貴（厚生省引揚援護局史料室　昭和29年）
『会誌　戦闘小史1・2集補遺集録』北千島慰霊の会（昭和58年／昭和59年／平成3年／平成8年／平成9年）
『千島占領　一九四五年　夏』ボリス・スラヴィンスキー著　加藤幸廣訳（共同通信社　平成

5年）
『八月十五日の開戦』池上司（角川書店 平成12年）
『北千島 占守島の五十年』池田誠編（国書刊行会 平成9年）
『1945年夏 最後の日ソ戦』中山隆史（国書刊行会 平成7年）
『国土を護った最後の戦い』北千島慰霊の会
『北方領土』三田英彬（講談社 昭和48年）
『北方領土』落合忠士（鷹書房 昭和46年）
『忍従の海』読売新聞社北海道支社編集部編（読売新聞社 昭和48年）
『千島連盟50年のあゆみ～元島民による北方領土返還運動のあゆみ』北千島歯舞諸島居住者連盟編（社団法人 北千島歯舞諸島居住者連盟発行 平成9年、平成21年）
『8月17日、ソ連軍上陸す』大野芳（新潮社 平成20年）
『軌跡 第53TK同期生の栞』編集委員長・岩田義泰
『終戦前後の千島関係概況』岩田義泰文書（平成5年）
『軍歌 雄叫』「雄叫」編集委員会（偕行社 平成8年）

『北千島作戦時における停戦に至る経緯・交渉等について』長島厚文書（平成3年）
『―柳絮舞う公主嶺― 陸軍公主嶺学校』森田忠夫文書
『漫画版 占守島の戦い』青木盤（SO社 昭和63年）
『占守島の戦い』若松和樹（「歴史群像」平成11年）
『あくなき懐疑心にもとづく事実の検証』加藤仁（『波』平成20年3月号）
「占守島攻防戦が日本を護った」浅田次郎×大野芳対談（『週刊新潮』2010年8月26日号）
『歴史群像 戦略分析 真珠湾作戦』（学習研究社 平成13年）
『郡司草』能戸英三（原書房 昭和54年）
『北方領土問題発端の真相』水津満文書
『北方領土～写真と解説』国勢研究所編（国土復帰推進協力会 昭和46年）
『戦車第十一連隊史』戦車第十一連隊史編集委員会編集（昭和51年 非売品）
『陸軍士官学校』編集責任・山﨑正男、協力・偕行社（秋元書房 昭和46年）
『陸軍画報 陸軍士官学校 臨時増刊 昭和十四年度版（復刻版）』（秋元書房 昭和46年）

『陸軍機甲部隊　激動の時代を駆け抜けた日本戦車興亡史』渡部義之編集（学習研究社　平成12年）
『陸士・陸幼　日本の戦史別巻⑩』編集・牧野喜久男（毎日新聞社　昭和56年）
『写真集　日本の戦車』「丸」編集部（光人社　昭和53年）
『帝国陸軍　戦車と砲戦車』編集・渡部義之（学習研究社　平成14年）
『世界の戦車』菊地晟（平凡社　昭和51年）
『「太平洋戦争」は無謀な戦争だったのか』ジェームズ・B・ウッド著　茂木弘道訳（WAC　平成21年）
『大東亜戦争への道』中村粲（展転社　平成2年）
『スターリン秘録』齋藤勉（産経新聞社　平成13年）

切りとり線

★読者のみなさまにお願い

この本をお読みになって、どんな感想をお持ちでしょうか。祥伝社のホームページから書評をお送りいただけたら、ありがたく存じます。今後の企画の参考にさせていただきます。また、次ページの原稿用紙を切り取り、左記まで郵送していただいても結構です。

お寄せいただいた書評は、ご了解のうえ新聞・雑誌などを通じて紹介させていただくこともあります。採用の場合は、特製図書カードを差しあげます。

なお、ご記入いただいたお名前、ご住所、ご連絡先等は、書評紹介の事前了解、謝礼のお届け以外の目的で利用することはありません。また、それらの情報を6カ月を越えて保管することもありません。

〒101-8701（お手紙は郵便番号だけで届きます）
祥伝社　新書編集部
電話03（3265）2310
祥伝社ブックレビュー　www.shodensha.co.jp/bookreview

★本書の購買動機（媒体名、あるいは○をつけてください）

＿＿＿＿新聞の広告を見て	＿＿＿＿誌の広告を見て	＿＿＿＿の書評を見て	＿＿＿＿の Web を見て	書店で見かけて	知人のすすめで

★100字書評……北海道を守った占守島の戦い

名前

住所

年齢

職業

上原 卓　うえはら・たかし

昭和12年、北海道・名寄生まれ。天理大学文学部宗教学科卒。京都大学文学部宗教学専攻（大学院博士課程中退）。元千葉県立船橋養護学校長。平成７年から自由主義史観研究会理事。著書に『東郷平八郎』（明治図書）『NIPPONの気概』（モラロジー研究所）。共著に『教科書が教えない歴史』（産経新聞ニュースサービス）『教科書が教えない東南アジア』（扶桑社）『歴史教科書を格付けする』（徳間書店）『条約で読む日本の近現代史』（祥伝社新書）がある。

北海道《ほつかいどう》を守《まも》った　占守島《しゆむしゆとう》の戦《たたか》い

上原《うえはら》 卓《たかし》

2013年８月10日　初版第１刷発行
2022年４月20日　　　第４刷発行

発行者……………辻 浩明
発行所……………祥伝社しょうでんしゃ
〒101-8701　東京都千代田区神田神保町3-3
電話　03(3265)2081(販売部)
電話　03(3265)2310(編集部)
電話　03(3265)3622(業務部)
ホームページ　www.shodensha.co.jp
装丁者……………盛川和洋
印刷所……………萩原印刷
製本所……………ナショナル製本

Printed in Japan　ISBN978-4-396-11332-2　C0221

〈祥伝社新書〉
中国・中国人のことをもっと知ろう

210
日本人のための戦略的思考入門 日米同盟を超えて
巨大化する中国、激変する安全保障環境のなかで、日本の採るべき道とは？
孫崎 享《うける》

223
尖閣戦争 米中はさみ撃ちにあった日本
日米安保の虚をついて、中国は次も必ずやってくる。ここは日本の正念場。
西尾幹二
青木直人

301
第二次尖閣戦争
2年前の『尖閣戦争』で、今日の事態を予見した両者による対論、再び。
西尾幹二
青木直人

311
中国の情報機関 世界を席巻する特務工作
サイバーテロ、産業スパイ、情報剽窃——知られざる世界戦略の全貌。
情報史研究家
柏原竜一

317
中国の軍事力 日本の防衛力
「日本には絶対負けない」という、中国の自信はどこからくるのか？
評論家
杉山徹宗《かつみ》